賈如幸福

慢‧點‧來

只要懂得轉身，傷與愛都是遇見美好的道路

賈靜雯

寫在開始 \ 給自己的一封信

Hi，靜雯：

小時候對妳的成長來說，應該是有很深刻的影響，喜歡溫暖熱鬧的妳所追尋的依然是那份團聚的溫度。長大之後，那溫度有時離妳好遠，當妳感受不到，妳就會因孤單而感到失落。妳討厭孤單的感受，所以常去尋找那記憶中熟悉的溫暖，但常因為著急尋找而迷失方向，隨意鑽進某個自以為有溫度的殿堂，往往因為不對的方向，而讓這孤單加倍突顯。一路的跌撞也造就了妳強壯的心靈。誰沒有過去呢？知道妳是個很容易自責的女孩，請不要再為妳的過去而自責，也請妳放下那過往的傷痛，它已癒合，更請妳對於曾經傷妳或妳傷害過的人事，原諒與道歉，這一切的發生，都有其美意及目的在裡頭。

這些年看著妳的變化，知道妳已經做到了，這不容易。眼前的妳，是收到許多的祝福與鼓勵才有的生活形式，更是妳自己期許的未來，這個未來就請妳努力大步的往前邁進，且珍惜享受著每時每刻碰撞的火花，「精彩人生」正是妳追尋的道路，就在這道路上盡情享受酸甜苦辣的人生百態吧！

妳常笑說，妳的美麗是因妳走在對的軌道上，軌道上愛的養分又格外的充足，妳許下願望要帶著豐沛的愛、帶著家人一同散播出這愛的種子，妳正在執行，一定要一直做下去。

妳有時會眉頭深鎖，煩惱著下一代的健康與未來，深怕自己的疏忽與不足，讓他們吃不必要的苦、受不必要的罪；矛盾的妳也知道，過多的擔憂只是徒增煩惱，他們的撞跌不也是他們人生的堆疊嗎？心開人就開，妳給予他們的愛及陪伴已讓他們很富足，剩下的也就是他們自己的人生功課啦！

人擁有得越多就越害怕失去，我懂。所以常常提醒妳，珍惜當下是件極為重要的事情。以前的妳遇到困難，習慣自己面對自己扛，現在多了個夥伴陪妳一起走、陪著妳面對，不也是一種幸福？

放輕鬆面對人生吧！人生真的苦短，若不苦也不叫人生。未來的妳請答應我，大口呼吸，盡情享受屬於妳的人生，妳要的不就是陪著他們，享受著因成長帶給妳的感動；妳要的不就是到老還能看著兒女們在他們的世界裡翱翔、認真的為自己而活；妳要的不就是回頭看身旁的那個人，老了髮鬢已白、滿臉皺紋，但還是用那再熟悉不過的關愛眼神，做妳心中最溫暖的依靠，陪妳走完人生最後旅程？當那一天到來，我已想像到那位白髮蒼蒼、心滿意足的老太太，可以安心闔眼去到另一個國度，了無遺憾。

好美的一幅藍圖，好美，我最親愛的妳，願妳一路如我所述。祝福，一定實現。

Chapter

1

Chapter1

我的成長與我的母親

如果問我：「妳已經有三個孩子了，妳是什麼樣的媽媽？」我只能回答：「我還在學習。」作為媽媽，這是一個永遠需要學習的角色，面對不同性格的孩子，要學習用不同的方式去教育，這個角色的挑戰，是沒有終止期限的。

很多人說原生家庭的影響，會使得我們成為什麼樣的父母，這點我非常認同，所以成為媽媽之後，我常常回頭看我的原生家庭給了我什麼樣的影響。

我的童年，其實沒有多特別，唯一特別的是我很有口福，因為我是在充滿垂涎欲滴的美食供養下長大的姑娘。在我那個年代，在台灣要吃到好吃的北方菜，機率是少之又少，我們家祖傳的天津菜可不是開玩笑的，即使到現在，還會碰到不少以前常來我家光顧的老饕，對我們家的菜色念念不忘，就跟你們分享幾道菜來感受一下吧！

一道是「家常熬魚」，那肚裡塞著一團手作丸子，加上熬煮十幾個小時的鯉魚，最令人難忘的是吸收了所有魚汁精華的蘿蔔，一起在大鍋中驚豔地散發棕紅燉煮的香氣，哎呀呀……再配上純手工桿的麵皮製作的烙餅，那酥軟餅香沾著魚汁精華、再配上一口蘿蔔……。

另一道看似普通簡單，卻是賈家廚房獨特的燒法，我只能說這是在外面吃不到的獨特風味，菜名是普通的「蝦仁茄子」，你一定會想：不過就是茄子，一點也不特別啊！但想想那個畫面：鮮甜的蝦仁經油鍋煸炒，蝦仁本身的香氣加入事先蒸過的茄子，最後撒入蒜末，起鍋！

這道菜不吃上幾碗米飯，都覺得對不起自己的肚子！餓了嗎？現在這些是只有在我的家裡、我的記憶裡才能品嚐到的美食，而這也是家族傳承下來、我燒得最好的一道菜呢！

小時候我就很有口福。

餐館裡的每一張桌子都可以是我的
書桌，也常有機會跟客人合照。

單純無憂的少女時代。

就因為從小的生長環境，才造就現在嘴刁的我，舌尖的敏銳度極高，也熱衷尋找美食。還記得上學的便當，健康在那個年代好像不太流行（哈～），但比香氣一定是我第一名。除了美食，印象最深的就是當時的餐桌，只要放學，餐廳裡的任何一張桌子都可能頓時變成我寫作業的書桌，所以我的課本常沾滿油漬，好像深怕別人不知道家裡是開餐廳的，在這間小小的餐館裡，有著我童年滿滿的回憶。

從一個城市飛向另一個城市……工作、家庭滿足我的生活，當喘不過氣時，我總是停下腳步，給自己一個緩慢呼吸的節奏，來杯「歐客佬」精品咖啡，細嚐上百種精品莊園風味，讓不安情緒蛻變成生活養分，慢慢轉過身，隨時充好電，跟著孩子無懼地邁向未來。

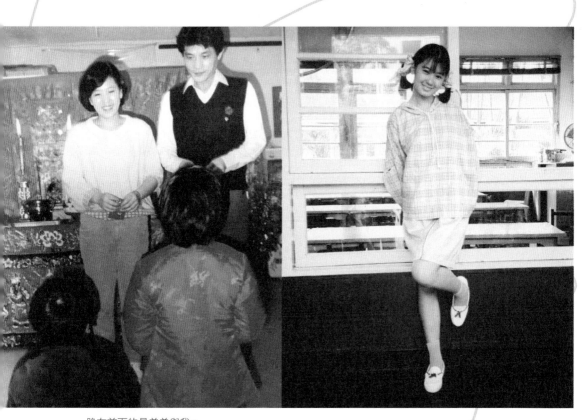

跪在前面的是弟弟與我。

我的母親是我內在的「隱形誓言」

母親這個角色真的很難扮演，從沒有一堂課叫做「如何當個母親」，所以沒有任何人可以事先學習，做母親之前我沒什麼準備，我的母親更是。

她在 19 歲結婚、20 歲生下我，在這個懵懂的年紀要如何當個媽媽呢？自己根本就是個孩子，還要照顧小孩，所以她也是在不知所措的情況下，懵懵懂懂地把我們拉拔長大。

還記得我媽常說：「小時候妳很乖，不吵不鬧都沒有聲音，但唯一有一件事讓我很傷腦筋，就是妳什麼都不吃，連牛奶都不喝。」真不知道我是怎麼長大的？（哈～）親愛的老媽，我不也是健康地長到了現在？由此可見天下父母都無須太操煩，小孩自有生存之道啦！（講歸講，但我自己作為媽媽，還是很操心孩子的。）在我媽口中，我真的是一個很好帶的孩子，聽話、貼心、從不找麻煩，可能是從小跟前跟後、在餐廳忙碌的腳步下長大，看著一年四季、無懼冷熱都在廚房辛

這是母女情深的最佳證據。

苦燒菜的媽媽，所以就格外懂事。

我媽和我爸的感情，也不曉得到底算好還是不好，我老爸是外省人，
有股臭脾氣、倔個性、超級大男人，對我媽的愛很霸氣、很占有，而
我媽也都選擇服從，不管怎麼爭吵，最後都會選擇留下，留在這個她
唯一的家園，繼續守護著！

或許從小到大看著我媽這種不離不棄的精神，讓我覺得婚姻對女人來
說，是種偉大的付出與犧牲，很多時候是需要忍耐才能圓滿的。

我的成長與我的母親

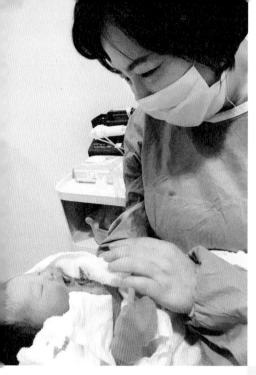

對孩子源源不斷的愛，是我與母親身上相同的
「隱形誓言」。

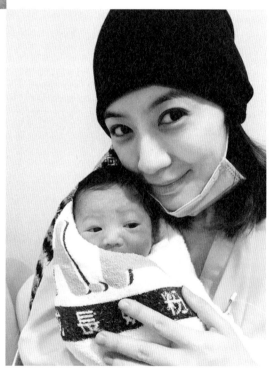

媽媽在廚房裡忙著的身影，是我眼中
最熟悉的光景。

三代其樂融融。

看著上一代的感情世界，是如此的戲劇化，愛恨情仇的一輩子，簡直是一齣精彩的八點檔，大人的世界真的會對孩子造成一輩子的影響嗎？認真回答：會的！至少對我是造成了不少的影響，尤其是感情觀。

曾經看過一句話：原生家庭會成為孩子的「隱形誓言」；我覺得這句話很有道理。我的母親對我影響極大，他們這代的女性，大部分會有一個共通點就是「認命」，遇到與另一半衝突也只會選擇妥協，分析起來，其中主要的原因是本身沒有經濟能力，無法獨立照顧自己跟孩子，所以只能隨著命運載浮載沉。

從小到大，看著母親不管遇到多大的委屈，都緊守在我們身邊，這種母性的傳承就扎實的在我身上繼續發光發熱，我也像有源源不絕的愛，想要不斷給予我的孩子和身邊所有的家人，這完全不像是我自己的選擇，倒像「內在的隱形誓言」一般，身不由己的與我的母親相同。

不論過去我曾經歷過多少當時無法承受的傷痛，今天的我回頭看自己，

只覺得年輕時期的我，人生也過得滿豐富的。儘管有些事情身不由己、儘管環境使我失去很多童年該享受的成長過程……是的，我的人生或許跟大部分的人不一樣，或許多走了很多曲折的路，但現在的我一樣有權利，去努力追求那屬於自己的幸福。

至今我對人生的體會，有許多與年輕時截然不同的想法，我也充分了解如果自己一生順遂，恐怕到現在我還學不會長大，更別說是成熟了。在我人生低谷的時期，我也曾怨天尤人、痛不欲生過，那個使我轉念的關鍵，就如同一道閃電劈入腦中，某個想法就突然產生：「既然上天給我這樣的劇本，我就好好扮演這個角色，如同當一個敬業的演員那樣。」這樣的想法不只是因為我的行業，我相信絕對適用在每一個人身上。

接受上天給的劇本，好好扮演自己的角色！能夠
轉念，人生就有勇氣繼續向前走。

從沒想過做一份工作可以超過二十年。

踏進演藝圈是我從來沒想過的，從小只知道眼睛大大的我很受長輩疼愛，出門也常常被誇長得漂亮、有靈氣，但家人從來沒有栽培我往演藝圈這條路走，只知道五、六歲時有被找去拍牛奶廣告，但自己沒有印象，是聽媽媽口述才得知原來我這麼早就被發掘。

我最早接觸到明星是在自家的餐廳，當時的天津衛還滿紅的，舉凡那個年代的政要名人、影視紅星，都光顧過我們家的餐廳，而明星更被大家注意，二秦二林（秦漢、秦祥林、林青霞、林鳳嬌）、成龍、元彪、洪金寶……，最讓我印象深刻的是恬妞，因為小小年紀的我真的不懂什麼是明星，她每次來吃飯都會把我抱在懷裡逗我玩，對我愛不釋手，看來我從小就跟演藝圈建立了緣分吧！

因為拍攝佳家福的關係，我剪了短髮，有種小男生的英氣。

賈如幸福慢點來

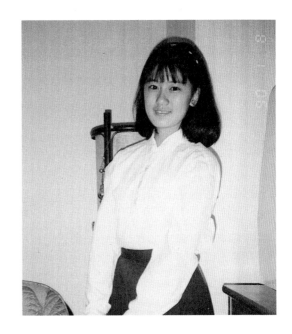

到了青春期，因緣際會下碰到了學長正在尋找羞澀稚嫩的女孩當廣告演員，這位學長正是著名的廣告導演彭文淳！他遞給我一張名片說：「學妹妳好，我是學長，有一個廣告在找演員，有沒有興趣來試鏡？」當時我只覺得驚嚇，心想他可能是個騙子，學長安撫我說：「妳把我名片拿回家，請妳爸媽打電話給我！」回家後我把名片給媽媽，她就照名片上的公司電話打去幫我確認。為了說服我媽答應我去拍廣告，學長承諾不會耽誤我的課業，然後才安排了試鏡，為此學長竟然還成為我的數學家教，遵守對我家人的承諾地讓我保持成績。

而我就在那個年代成為大家口中被星探挖掘的新星，輕輕鬆鬆踏入了人人羨慕的演藝圈。這個時期的演藝圈，對我來說很單純，從廣告到戲劇，我都很幸運碰到這個圈子的領頭者，尤其是開啟我戲劇這條道路的王小棣老師，因為老師一步一腳印，扎扎實實地訓練我們的基礎功夫，讓我受用到現在。記得剛出道拍戲的過程，那個時候哪裡懂什麼叫演戲呀！所以還是抱著好像很好玩、就去試試看的心情，胡裡胡塗地走進 Drama 的世界。

Chapter1
我的成長與我的母親

《佳家福》是以兩個家庭的日常生活為架構的家庭劇，我的角色就是扮演符合當時年齡的國中生，那時正值升學期階段，儘管我的功課成績普普通通，但是生活上可是很乖巧從不會讓父母擔心的孩子，因此對於拍戲這種挑戰規律生活的工作，爸媽一直很猶豫，尤其這部戲的拍攝主場景在楊梅，如果我真的演出，拍攝期間就必須台北、楊梅兩頭跑，因此遲遲沒有答應讓我去演出，劇組費盡心思不斷說服爸媽，保證再保證絕不耽誤課業之後，爸媽才勉強同意。

我很慶幸第一次拍戲就在王小棣老師的劇組，大家都知道小棣老師最會訓練新人，而且小棣老師教的不只是演戲，還教我們人情世故和做人的道理！整個劇組像個大家庭，演我爸媽的趙樹海（趙爸爸）和劉方英，他們戲裡戲外都很照顧我，也要求我們幾個學齡的孩子一定要兼顧課業，拍戲的過程中，每逢學校要大考，趙爸爸會要求我們等戲的空檔，要把握時間讀書、寫功課，劇組還特地幫我們準備一張書桌，派人負責盯著我們唸書呢。

從小就與演藝圈有緣分。

劇組鐵一般的教育受用無窮

要舉出整個劇組無時無刻、毫無縫隙的給我們機會教育的例子，是族繁不及備載的。舉例來説，在楊梅拍攝場景有一間餐廳，到了放飯時刻，全部的演員都會在那裡一起用餐，我們的情感如同一個大家族，幾個小孩需要負責幫大人們盛飯，這些細微規矩是非常被要求也非常重要的，從那時候我就深刻明白，在這個圈子晚輩一定要敬重長輩。

還記得有一次我拿著筷子正要夾眼前食物，被飾演我父親的趙樹海爸爸一掌打掉我手中的筷子，嚴肅地對我説：「一個女孩子家連筷子都拿不好，怎麼會這樣？妳現在把這盤子裡的滷蛋夾到另外一個盤子，沒夾完不准吃飯。」當時的我心中有些小小的不悦，但也不敢反抗，長輩説的話就得照做，所以乖乖聽話努力把滷蛋給夾完。現在想想還真是感激趙爸爸，正因為嚴格教導，我拿筷子的姿勢也硬被他糾正過來了。

在這個像大家庭一樣的劇組裡，經過一年多的時間，這些細微末節的

教育就這麼深深地烙印在我的心底，影響了我待人處事和工作的態度。至今最受用的，就是小棣老師教給我：「沒有什麼叫永垂不朽，永遠要記得愛惜羽毛！」

這句話，不只小棣老師常說，連我爸媽都常耳提面命的要我謹記在心，時至今日我深深體會，只要記得這句話，那些什麼耍大牌、拿翹、不敬業、不用功的不專業行為，就不可能發生在我身上，一旦忘記了這個道理，就是拿自己的演藝生命開玩笑，我想這也是我保持到現在最引以為傲的職業道德和做人原則。

拍《佳家福》的那個年紀，壓根不懂什麼叫「演技」，唯一能做的就是要把劇本背好，這個習慣根深柢固地影響到我之後的演藝生涯，「把劇本背好」是我自己作為一個演員最基本的要求。後來拍戲的時間長了，才知道這個習慣原來不是所有的演員都具備的，我知道有些同行戲軋多了沒時間背劇本，現場就靠 1234567 或 7654321 充當台詞，反

正事後配音就行了；大家應該不難想像，這樣的敷衍行事，誰跟他演對手戲都很累吧！

可能我的從影之路是演員出身，所以從來沒有感受過所謂「偶像的光環」，拍戲其實很不容易的，尤其是電視劇，即使大家對我認識最多的《飛龍在天》那個階段，也是一樣沒日沒夜地工作著。攝影機前的演員打扮得光鮮亮麗，攝影機外大家打成一片，常常蹲在路邊吃飯、在荒郊野外拍戲隨地「方便」也是家常便飯，其實這些攝影機沒有拍到的時候，我們做的事情，一般觀眾是無法想像的，所有拍戲的過程都是努力和狼狽不堪的累積，而這些過程正是滋養我茁壯的養分。

經常有人說，演藝這一行三分靠努力、七分靠機運，如果真是這樣，那認真的態度就是那三分努力中最基本的要素。這麼多年來，我不敢說自己多會演戲，但至今對工作認真的看待，這部分始終沒有鬆懈，因此我更領悟到年輕時打下的基礎，一生都會受用，不丟小棣老師的

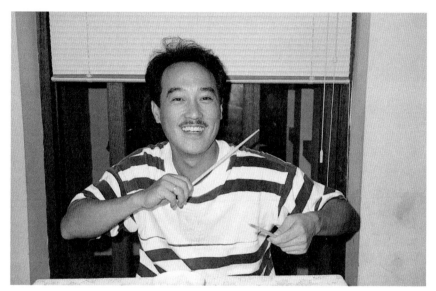

教導我很多做人處世道理，還糾正我拿筷子姿勢的趙爸爸。
但趙爸爸您自己筷子沒拿好喔！（開玩笑的）

臉，是我一直努力的目標喔！

除了當一個大家所謂的藝人之外，我沒做過別的行業，從小就在攝影棚裡打轉，因為喜歡演戲、環境又熟悉，做著這份工作也不覺得累，拍廣告、演戲、主持就這麼順理成章地從「好玩的事」成了「職業」，這個職業主宰了我大半人生，是我生命中很重要的一環。也曾經自己想過如果沒有誤打誤撞進入娛樂圈，我會在哪裡？

我想或許你會在某髮廊、某幼稚園、或某動物醫院裡見到我的身影，這些都是我從小特別有興趣的事情，但人生很多時候是順著天意走的，或許我真的跟這個圈子特別有緣，才使我成為演藝公務員的其中一角吧！

我拍攝的第一部電影《惡女列傳》，演的角色就是在髮廊和超商上班。

同年拍的第二部電影《真情狂愛》，當時挑戰了非常大膽成熟
的演出，現在可能沒有勇氣這樣做了，哈。

Chapter1
我的成長與我的母親

賈如幸福慢點來

變故也代表了成長的開始

看到這裡，應該覺得我演藝路途還算一帆風順吧，但家庭變故也是影響我很大的一個部分。天津衛是我們家族的餐廳，全家人都圍著餐廳打轉，所以當決斷者（我爺爺）決定結束老字號的經營，義無反顧地奔向大陸家人的懷抱，展開新的事業項目，我們的人生就此開始改變了⋯⋯。

那時的兩岸才剛開放探親，爺爺是最早一批回鄉探親的思鄉者，也因為思愁之情，把辛苦工作多年掙來的錢也一起投入了家鄉的懷抱，寄望有一個全新的未來；就在這時，家父得了癌症，爺爺投入大量的心血也全付諸流水。原本平順的賈家，環境出現了驟變，用家道中落來形容還真是貼切。

雖然我成長的環境稱不上大富大貴，但也算是溫暖的小康之家，爺爺、奶奶和爸媽疼愛有加，自小只有他們對我噓寒問暖，讓我無憂無慮，但這一切幸福就這麼急轉直下，轉眼消逝。

當時正在北京電影學院就讀的我，不得不立刻休學陪在父親身邊，一同回到台北尋求治療。還記得剛得知自己病況的父親，非常無助徬徨，到處打聽抗癌的方法，生病的人這時最容易相信旁門左道的信徒神棍及庸醫的治療方式。讓我印象最深、也是拖延我父親及早就醫的離譜治療，就是隔空取癌。

父親是淋巴癌，那時人已經非常不舒服了，還被這位庸醫貼上他給的黑色膏藥，鬼畫符般的在父親身上亂唸一通經文，據說就能把父親身上的癌細胞統統吸出……正常人聽也知道這是種鬼扯的治療方式，但一個人知道自己生命正在流逝的時候，脆弱會讓他們慌了手腳，對某些我們覺得不可思議的治療方式言聽計從，所以現在看到某些神棍讓人延誤就醫的新聞，心裡就有莫名的三把火。

想起父親的那段辛苦道路，我們在旁的家人也不知所措，就如同父親跟我說的：「命是我自己的，就讓我自己決定怎麼走最後一段路程吧！」

雖然固執，但我們也尊重，直到他離去前，他還是走回了當初檢查出腫瘤的西醫懷抱，繞了一圈，終於明白這些繞遠路的步伐，正是自己打敗自己的烙印，再走回對的路，卻也為時已晚。

還記得爸爸最後那段時間，偶爾覺得自己體力變好，他就會跟醫院吵著要請假回家，回到家、回到他熟悉的環境，心情就好了一大半，那時每天靠著嗎啡減輕疼痛感的老爸，只要看到剛拍完戲回到家累倒在沙發上的我，總會用他骨瘦如柴的雙手，摸摸我的臉、拍拍我的頭，彷彿是在跟我說：「女兒，妳辛苦了！」雖然累癱在沙發上無力張開雙眼，但我完全可以感受到父親對我的心疼，甚至不顧自己的病痛不適，邊幫我按摩，邊擦拭對我虧欠的淚水……至今，那雙手的溫度及微小的啜泣聲，是我對父親離世前最深刻的記憶。

我與父親、弟弟。

賈如幸福慢點來

父親的離去並不突然，過程卻很折磨，最辛苦跟被折磨的除了父親本身之外，就是在他身旁不離不棄的太太，我母親。那段時間，母親醫院家裡兩頭跑，每天過的是身心俱疲的日子，我永遠記得的是，她堅毅的眼神時時透露出不能被擊垮的神態。那時的我們，除了跑醫院就是忙著工作賺錢，但只要一想到回家，就有遲疑的步伐，因為真的無力也無助，看到父親一天天消瘦的身軀及腫脹到變形的臉龐，更心疼母親像是 24 小時被綑綁，在這樣鋪天蓋地充滿負能量的氣氛裡，自己也被身旁的氛圍感染成一個病人。

直到父親離世，簡單打理完後事，我才驚覺母親好像輕鬆了些，終於可以好好闔眼睡上一晚不被喚醒的覺，那時的我也真心替母親小小的高興一下，這高興只是這樣日常的小事……從父親離世到現在也有二十幾年了，這二十幾年她所有的生活重心都放在我及我弟的身上，沒有再為自己的人生創造另一段精彩……那年的母親才 45 歲，一定可以再找到依靠的伴侶，但她早已放棄，沒有再尋覓。

人真的是從挫折中成長的。

賈如幸福慢點來

Chapter1
我的成長與我的母親

當時的我特別不能理解，也多次透過朋友想給我媽介紹對象，因為這樣，我們還吵了好幾次架！這樣的好意卻讓母親認為，她是我們的負擔，所以才急於想把她趕走；但我只是真心覺得年輕漂亮的媽媽已把人生的前半段獻給我的父親，是不是該好好被新的情感來呵護疼惜後半生呢？

拒絕是她這二十年來始終的說詞，現在問她到底為什麼，她說：「我只想要一個人過，想幹嘛就幹嘛，不被約束，這就是我想要的後半生。」噢～我明白了！我父親與她的這一段婚姻，帶給她許多的壓力與恐懼，這些都大過於愛情，年輕的她也為了父親與我們付出了全部的青春，她真的不需要賭上餘生再投入另一個家庭，原來母親早在父親離世的那刻，就把愛情這道窗緊緊地封鎖起來再也不開，現在的她在別人眼中是幸福的奶奶與外婆，兒孫滿堂，重點是大家都圍繞在她身邊，給予滿滿的愛與安全感，定期的家人聚餐，是她最大的快樂來源。

在這個家裡，已經是外婆和奶奶的母親有很重要的地位。

父親是在我拍攝《四千金》的時候離世的。

現在的母親是幸福的奶奶與
外婆，兒孫滿堂。

人總要學會面對現實

遭逢這樣的變故，我開始認清現實地知道，我得靠演戲這份工作來照顧家裡的經濟，更要分擔爸爸的醫藥費，自然不能再把拍戲只當成一件好玩的事。所以一從北京回台後，很快的重新銜接上電視台的演出機會，然後就開始一檔接一檔、沒日沒夜的拍戲。96、97 年算是我接戲的高峰期，算算那兩年總共拍了 16 檔連續劇，很驚人吧！問我當時應該很累吧？其實那時候根本沒時間去感受自己累不累，只知道必須有戲就接，才能應付生活所需。

我總是把念頭轉向「演戲也是我的興趣」、「能做自己喜歡的工作還可以賺錢，我是多麼幸運啊！」來替自己洗腦，那陣子每天就是周旋在攝影棚、醫院和家裡，忙到無暇多想，還好弟弟也很努力到處去打工，把自己照顧好，讓我沒有後顧之憂。

我媽說過，很感謝上天賜給她這個女兒，因為我從來沒有拒絕過工作，或用不正當的方式去賺錢，也從沒抱怨過為什麼是我要承受這一切？

在我眼裡，失去另一半的媽媽，放下悲傷，完全把重心放在照顧我和弟弟身上，她因為愛我們所以堅強，這樣的身教讓我也因為愛媽媽和弟弟，堅定的相信自己無論如何都要扛起這個家！

我看過一個作者說：「人當然要往前看，但也不能忘了回頭看，因為人都是由過去變成了現在，如果不回頭看，就會忘了自己是什麼樣子。」這句話挺有道理的，這也是我常在看自己的時候，會回過頭去看過往的原因，有時候覺得自己今天作為媽媽的某件事情處理得不好，我就會看看自己的問題，想想自己為什麼會這樣？然後提醒自己下次要記得調整，這就是我跟大家分享我的過去的原因。

透過那些過去，我更點點滴滴、透徹地了解自己，你呢？

賈如幸福慢點來

過去的一切，堆疊出現在的我。

賈如幸福慢點來

Chapter

2

Chapter2

雌雄同體

自古以來，兩性之間的關係就有許多文獻可查。「陰柔」和「剛強」往往都在兩性之間存在著，男人討厭被說「陰柔」，但矛盾的是，我覺得女人往往都渴望男人有些許的陰柔特質。舉例：中國傳統印象中的男人，不在乎情感細節，只在乎自己的事業、人生、興趣，「家」對於他們來說，似乎只是個休息、駐足及滿足他們需求之所在地，所以女人在男人的世界裡感覺只是一個男人的附屬品，沒有自己的人生。而女人在傳統印象中，是墨守成規、相夫教子，唯有做好女人本分的特質才會被表揚崇拜，這就是傳統對兩性的中心思想。

回到現代已是西元 2017 年，女人想要打破傳統的束縛也在歷代革命中體現多時。現代的女性除了自立自強外，更有許多自己的想法，不再被傳統駕馭！甚至突破許多舊有觀念，創造出現在「新女性」的價值觀，放眼看看我們身邊的女人們，也都在各個領域中有著不同的成就，不管有無家庭、有無情感，都大膽邁步的在找尋追求自己所愛及所享的人生，這真是一件非常值得慶祝的事情。

跌跌撞撞才更懂珍惜

女人自古就有太多的包袱、背負著太多的責任與重擔，甚至苟延殘喘的活著，只為了成為那個世代不被輿論壓垮「活著就好」的女人，他們犧牲掉自己內心的渴望，回頭看這樣的「女人」，除了打從心裡敬佩卻也有些同情，但同時我也發現，現在的我們是否也因此少了過去女人的恆久忍耐？這就是過去歷史給我們最寶貴的人生過往。

當現代的女性是幸福但也有些遺憾！因為要當一個真正幸福的女人就是要懂得在傳統及現代當中取得自己所要的人生價值，而不是一昧地只要顛覆傳統，畢竟當兩性結合為一，需要的是更多的智慧來「擺平」兩性的課題。

我個人覺得我是個幸運女人，因為生長在這個世代，在事業上，我可以選擇如男人般的剛強果斷來創造我想要的事業成就，但同時我也可以如同小女人般的在感情上撒嬌任性，讓自己的情感豐富多變，這真的是一件身為現代女性獨享的特質。但我必須要說，我以為我拿到了

這個世代的直通車票，可以平步青雲的到達我的理想人生，結果我錯了！原來我還是不夠智慧來駕馭這個世代的情感，因為我既不想要傳統，也不夠大膽，所以在情感上並不是個得勝者。

過往的我有時都用「大女人」的態度來面對情感上的枝枝節節，結果都是挫敗的一方。我承認，原生家庭的教育價值觀的確讓我在情感上顯得有些任性，或許是父親離開得早，所以我在擇偶上一直追尋著有父親影子的情感，這樣的男人多半都有些年紀，想找的也是可以讓他呵護及聽話的小女人，而我偏偏有種傲骨的個性，不願意在情感上只是單方面成為被照顧的一方，我認為兩個人在一起，應該是互相照顧，而不只是依附著對方才能生存的相處方式。

真心覺得女人私密保養是為自己好，如果私密保養做到位，會感覺自己天天都很舒服很健康，好像每天都比昨天更年輕！「緊實彈力」是女人最重要的逆齡青春力，舒摩兒私密緊實青春露可以提升防護力，再現健康緊實的私密肌膚，想要一直保有青春自信，輕鬆擦、每天用就對了！

或許是受天秤座的影響，我老在感情上追求著一種平衡的模式，還有母親從懂事以來的耳提面命，提醒我要獨立、靠自己，女人要有生存的能力及本事，所以我在交往的關係當中，如果讓我感覺到這個男人是希望我百依百順，我就立刻打退堂鼓。

也許是當家中的支柱太久，獨立慣了，經過幾次失敗我才知道，原來……我一直搞錯方向，年齡不是重點，追尋父親的影子並不能帶給我對的幸福，我要找的是願意跟我共同經營未來的好伴侶，這才是對的方向，所以經過這些情感及時間的洗禮，我終於在現今找到了一個適合我及相互配合的伴侶。

我必須要說，現在的幸福，我認為是得來不易的。為著那些曾經的任性，不夠成熟的智慧去處理「關係」，以及不懂得面對如此複雜的情感交流，這些所受的傷害與挫折，讓我跌跌撞撞地一路走來，所以現在才更懂得愛與被愛的方法！於是，這段幸福我更加緊緊握在手中，萬分珍惜。

天秤座的我，總是期望在感情上追求一種兩人各持
一端的平衡。

原來光懂愛人不夠，還要懂得如何被愛！

幸福得來不易，所以更要緊緊握在手中。
這是修先生在待產時握住我的手，令我安心。

賈如幸福慢點來

經歷過失敗之後，才知道自己不是只想當個獨立的大女人。

和他一開始的相遇，一點也不戲劇化，喜歡運動打球的他，和我弟弟等等一群人本來就是好朋友，所以每次弟弟帶朋友到家裡來，我始終是把自己放在「主人」的位置去招呼客人。一開始我也沒多想，但我開始跑步以後，一直是 Nike 配速員的修先生就會因為我在練跑說要來看一下，他當然是故意製造機會吧？

我們家族聚餐的時候，修先生也常來參加，我記得有一次舅舅問他：「怎麼一個大男生，沒事老跑來跟我們一家人一起吃飯？」我弟弟就開玩笑說：「他是來看姐姐的！」但當時我真的以為是開玩笑。

這一切直到發生「摸頭事件」後，我的心緒才有了比較不一樣的想法！有一天，弟弟的這班兄弟如常的來我家聚會，大家聊天，聊著聊著就說到了我的事情，當時的情境他可能覺得有點心疼我，就像個大男人一樣的摸摸我的頭！雖然之後我問修先生為什麼突然摸我的頭？他裝出一副想不起來的樣子說：「有嗎？」（回顧之前修先生做的種種，好像都有那麼點小心機吧？）

他並不是個不熟識的陌生人，而是個認識多年的家族朋友，所以剛開始我並沒有把他太放在心上，更沒認真地看待這段緣分，但奇妙的是，就在某日某晚，心裡所想及牽掛的那個人忽然都是他，就在這樣的心情下，我開始正視自己內心的感覺，也不欺騙自己的心去接受這段冥冥中產生出的緣分。

我們的交往除了一般的看電影、吃飯和到對方家走動這些之外，可能比較特殊的是，到現在兩人還經常一起吃早餐，然後他知道我早上要送小孩上學，就會專程從家裡來陪我一起送小孩上學！這個習慣一直延續到婚後，為了讓我可以多休息，不要每天起早趕晚的，所以送 Angel 上學直接變成他的責任，這看似小小的舉動，著實令我感到窩心，在實際層面也的確讓我輕鬆不少。浪漫是什麼？是給予對方的，也正是對方想要的，所以對我來說，這就是他的浪漫，我也感受到他想分擔的貼心。

擔任 Nike 配速員的修先生會來看我練跑，
怎麼最後就配到一塊了？

賈如幸福慢點來

儘管年齡對我們來說幾乎無感，但它就是事實，就算我們不在意，但畢竟是公眾人物，外界的眼光，我們心裡都有準備勢必要面對。

當時我確實挺猶豫，我極為不確定這段關係，甚至認為他或許只是個在情感上不確定要什麼，或者只是基於同情的追求者吧！當然，所有人想像該擔心的問題，我也沒少過，但是修先生從來沒有打退堂鼓的堅定給了我很大的力量。

雖然接受了這段緣分，但回頭看著過去有的錯誤，我深深體認到談戀愛可以衝動，婚姻，真的需要冷靜！過去我對婚姻的設定跟憧憬很一廂情願，覺得婚姻就應該這樣，另一半當然要照我的模式來配合，但這真的是完全行不通的想法，所以自己就在這行不通的想法上跌了一大跤……不怪別人，上天既然讓我走這一遭，必定有祂的道理，就把這跌跤當成日後的警惕吧。

「天時，地利，人和」，我想在很多方面都是大家內心渴望的狀態，我也是。這段緣分剛好符合了這個條件，雖然因為我們彼此身分的關係，當媒體報導出來時，還是有許多正負評價，但人生只能以自己認定的關係態度去負責，並無法因輿論而起伏，不是嗎？因為是公眾人物的關係，只能一直被議論，但沒辦法，每個階段的智慧也只能用那個階段自認為對的方式處理，處理的對與否無從定論。

賈如幸福慢點來

Chapter2
雌雄同體

兩人的關係需要彼此的
智慧來維繫。

當幸福來臨時

原以為我與大女兒 1+1 的人生，就只有 1+1 這樣的安然度過，沒什麼不好，我可以全然給她我能給予的愛，但對我個人來說，好像還是有個不足的缺口，深怕自己的愛太濃，會給她太多的負擔，所以一直在觀察自己該有的人生態度。直到這個緣分到來，化解了我心中的疑惑。

「修先生」看在許多人的眼中都會覺得驚訝，為什麼是他？但也有許多人讚嘆，為何年紀輕輕的他會選擇 1+1 的我？可能是他看到的我老是笨笨傻傻、遇不對人，讓他覺得他有這個使命來照顧保護我吧！哈～如果這個「為什麼」要繼續追問下去，那真的無解。老實說，緣分這件事何來解答呢？那我為什麼又選擇大家心中的小鮮肉？（哈～一貫的幽默）除了肉體的滿足，我的內心確實因為他而活得很踏實！

修先生的開始並不浪漫，他只是很實在的想要一份穩定的關係，如同我。不知風花雪月對他是否有些累，所以只想擁抱一段他想要的情感？當時的我每分每刻都在想著如何讓生活更好，自然而然就沒有太多心

思去享受某段關係的出現，直到遇見修先生，我也就莫名地調整了步伐，走到了對的生活節奏上。

剛開始交往，我在旁看著他攔走了我日常的忙碌，幫忙我分擔及努力參與我的生活。當然，最讓我擔憂的莫過於修先生與 Angel 的相處！一開始的互動自然又和諧，感覺這兩人像是認識多年的好友，什麼都能聊，自然而然也覺得這樣的相處沒有太大問題。

直到有一次，我出國工作多日返家後，Angel 把我叫到房間，用嚴肅的口吻跟我說：「我不喜歡修叔叔！他憑什麼管我？！」當時我聽到，心中難免有些小震驚，想說短短幾天到底發生什麼事？回頭看著在客廳呆坐的修先生，用個無奈的笑容對我聳聳肩搖搖頭，我就大概知道是什麼狀況了。

Angel 是個不喜歡被約束的孩子，尤其當她還沒認定是「自己人」的情況下，她又會更反彈的認為，為何她要被對方管！所以我不在的那幾天，修先生很盡責地幫著我約束她的課業及生活態度，她當然會有這樣的反應！因為她是個需要用方法管教的孩子！尤其她已習慣在她身邊多年是我一人的管教，怎可能忽然被一個新加入的成員來改變這個遊戲規則呢？

我因為這次的小衝突花了許多的心思來溝通！一是讓 Angel 明白這些出發點都是為了她好，二是讓修先生改變一下與她的相處模式來減少衝突。隨著相處時間越長，兩位終於找到了彼此的相處之道，而且 Angel 反而越來越享受「沒有媽媽約束管教的時光」，而與修形成了愉快的相處模式！

因為兩人相處的「陣痛期」來得早，所以當我們有了人生中另外兩個寶貝出現時，可愛的 Angel 已毫無情緒，能夠用歡喜的心跟著我們迎

接二寶的到來！

當然，就因為修先生的付出與用心陪伴，才會換得現在這份難得的「友情」。這就是修先生聰明的地方，知道怎麼「搞定」我們關係中最重要的一環！

在兩性關係中，兩個人的事從來都不只是兩個人，修經過了與 Angel 相處的考驗，而我卻比他幸運，因為我連想要「搞定」我公婆的必要都沒有。

怎麼說呢？還記得第一次要見公婆，我當然很緊張，深怕有任何一絲狀況會影響他們對我的看法。還記得是過年期間，很感謝他們用輕鬆自在、如同早已認識我多年的方式讓我毫無壓力的度過「第一次」見面！公婆熱情地帶來自己做的年菜，哥哥嫂嫂整個過程都幽默地與我談笑，彷彿早已認定我們是一家人的相處方式，讓我極為感動！尤其是那桌年菜，真的讓我有種回到童年時光的感受，原來我公婆早年也經營餐飲事業，所以那一道又一道的驚喜菜色，讓我覺得好溫暖，我實在是太有口福了！

直到現在，公婆還是時常刻意順路經過我們家，帶來一道又一道的私房菜色，簡直是天天都像在過年。

修先生與Angel的相處模式，既輕鬆又自然，就像朋友一樣。
為什麼是他？只能說一切都是緣分吧！

賈如幸福慢點來

平淡簡單才是我要的生活

過去的情感經歷過極度戲劇化的波折，因此，我更珍惜現在的平凡穩定生活，也謝謝修家給我的安穩。

當我又有勇氣開始成立我心中的家，我們如同年輕小夫妻開始規劃我們「家」的藍圖，我們也很有默契地運行著我們的生活型態。早起逛市場，偶爾找間我們愛的早午餐小店，坐下來品嚐著給我們元氣的美食。

有時討論著工作，有時討論著我們愛的電影，有時天馬行空的飛去某個夢想國度，來個「如果有一天去那裡生活」的「如果」討論，然後再回到現實，我們再一起乖乖回到我們小小的世界洗手做羹湯，準備著一天的溫飽。

這就是我們生活的日常。有時，我們也會像老夫老妻一般，晚餐後去散散步，把一天發生的日常再回顧一遍。

記得某日的對話，讓我印象深刻……他突然感性地對我說：「妳答應我，如果有一天我先走了，妳一定要再找一個人來愛妳。」這突如其來的一語，讓我既感動又有些悲傷，反問他怎麼突然這麼感傷？原來是我們昨晚看的那部電影讓他很有感觸，他覺得孤老終生是很辛苦的一件事，不但自己本身辛苦，家人也會很辛苦！

他的感觸很真實很直接，我也同樣跟他說：「如果哪天我先離去，你也答應我，要找個愛你如我的人，好好照顧你的餘生。」這樣的對話時常在我們的生活出現，聊聊人生，看透無常的人世，日復一日，「生活」就是這麼平淡簡單。

當咘咘到來後，我們的日常變得更多元，原本的話題也加入了許多育兒的討論，為了 Angel 的教育而煩惱，為了咘咘的飲食操心，每天想著變化她愛的菜色，擔心著小 Bo 妞的出現，影響兩個姐姐的情緒，不想讓她們有任何失寵的感受……。每一天的生活都被三個孩子填滿，忙碌到讓我們驚訝時光怎麼能如此快速流逝！

咘咘的到來更豐富了我們的生活。

賈如幸福慢點來

常常為了孩子，忙碌到驚覺時光飛逝。

我們時常相視而笑，因為我們真的花好多心思在她們的身上，而修先生也願意跟我同心協力一同面對她們的變化，一起解決生活的突發狀況。我們都願意為了她們去調整我們的工作，只因為我們都有著同樣的認知：「孩子的成長只有一次！」我們不忍錯過任何重要時刻。能選擇，也是種福氣；懂得取捨則是種智慧。

我常在夜深人靜時，默默地注視身邊的他，頭髮白了些、臉部線條也柔和了許多。想起當初認識的他，現在彷彿多了幾分疲累，有時看著便覺心疼。現在的修先生，不管看到什麼、吃到什麼、去到哪裡，都會掛念著他身邊的女人們，絲毫不浪費任何多的心力在自己身上，反而寧願省下自己的花費，讓我們過更舒適的生活。

除了我們，對於彼此的家人，他的盡心盡力更是沒有缺乏過，打理著家人們的生活所需。我不得不說，這樣的男人真的不容易。我並非炫耀，只是感謝他的出現。因為他，我可以毫不隱藏自己的真實性格。

不知道為什麼，和他在一起的時候，我的角色常常錯亂，他常說：「你上輩子一定是我女兒。」因為他對我的操心及碎唸的功力，真的如同一位父親般的在我身旁耳提面命！最可怕的是，他如同我肚裡的蛔蟲，把我心裡所想的事情都安排到穩穩妥妥。我真的只能說，或許他有顆比女人還要細心的腦袋吧！連我母親大人都因為他對我的照顧和碎唸而深感佩服，直說：「終於有個比我還要了解妳的人來制約妳了。」說完，立刻看見母親大人嘴角露出得意的笑容……。

修先生給自己在家裡的稱呼還滿有意思的，他說他如同一王被我們五后圍繞，我們一家都是女人，面對丈母娘是小修子，面對老婆是個善於傾聽的軍師，面對 Angel 是個可以談心的好哥兒們，面對咘咘是個沒有威嚴的小跟班，面對 Bo 妞是個不折不扣的好玩伴。被一群女人圍繞的他，很清楚的把自己分別擺到對的位置。你們說，他是不是很懂得生存之道呢？

時而相視而笑，時而看著孩子們的笑臉，這樣的每一天都如此美好。

我們當然也有矛盾衝突的時候，其實夫妻或情侶之間，很多時候的爭執是不用追根究柢分出對錯的，因為理由往往可能只是爭一口氣，或是自己情緒而造成，往往發生一大堆事情以後，根本想不出來究竟是為了什麼原因而爭吵，大部分都是日常小事，比如：車子要走哪條路、東西要物歸原位、要運動還是偷懶⋯⋯是不是很瑣碎很無聊！（聳肩～）很多時候的僵持，其實只是在浪費彼此的時間，也消耗彼此的感情，所幸現在我們之間已經沒有什麼價值觀會產生矛盾，頂多就是鬥嘴吧！

其實，我們兩個都不喜歡衝突的感覺，所以當有些話題開始嗅到詭異、敏感的氣氛，我們往往就會自覺地轉移聊天內容，不再繼續往那個奇怪的氛圍發展，所以目前為止我們兩個幾乎都是吵架不留到隔夜，這～也算是絕佳默契吧！

在兩人的關係中，我覺得，某些時候一人當傾聽者，另一方就更像崇

拜者，關鍵時刻彼此又可以當個忠告者，所以當男人滿腔熱血的給你意見、或在高談闊論他的想法，這時千萬別潑他冷水，要先肯定他的想法，然後再用女人的敏感直覺及自身意見去提建議！如果他採納，切記，一切的功勞都要歸功於他，來個「你好棒喔！這你也想得出來？！」這類的誇飾法來讚揚他！這樣不只能避免無謂爭吵，還可讓對方覺得被尊重，有時滿足男人小小的虛榮心也是女人的一點小心機啊～。

而男人，有時真的也會出其不意的給我們許多想要的驚喜，這也是他們的心機吧。

就拿修先生的「求婚之旅」來說吧。他在平日相處間記錄了許多我及家人的生活點滴，花了好長時間剪輯配樂出一支浪漫的求婚影片，準備在我們前往東京遊玩時給我驚喜，來一場浪漫的求婚……。

還記得當晚，我們回到下榻的飯店，他反常地頻頻催促我去洗澡，直說吃完燒烤的我全身超臭，其實當時的我內心真的很不悅，心想：我都沒嫌你臭，怎麼反而嫌起我來呢！

當我心不甘情不願地洗完澡出來，看見他手忙腳亂，一溜煙的從我眼前跑過，我開始狐疑他在搞什麼鬼：

「你在幹嘛？」我問。

「沒，沒有幹嘛啊……」他眼神閃爍地回答。

雖然覺得他形跡可疑，但我已懶得理他，帶著尚未平復的心情走到衣櫥拿東西，他又突然健步如飛地走到衣櫥前把我攔下，直問：

「妳要幹嘛？」

「神經喔！我到衣櫥能幹嘛，當然是拿東西啊！」我翻白眼地回答。

「等一下再拿啦！」他急忙阻止我打開衣櫃。

「我幹嘛要等啦！我如果不先把衣服收好，你又要唸我東西亂放⋯⋯」
聽我那麼怕他碎唸的回答，只見他似乎又想找理由阻止我開衣櫃，但
我一手把他推開，打開衣櫃整理衣物。

這時，突然聽到他長嘆一口氣說：「我不知道怎麼講⋯⋯」

他用最快速的方式把我拉到床邊，很認真地看著我說：「我要給妳看
一樣東西⋯⋯」

然後他拿出手機播放他精心製作的求婚影片，頓時，我才明白他的手
忙腳亂是因為這個時刻的到來。

他說：「其實，我本來要透過 APPLE TV 播放，結果我找不到遙控器！快要發瘋了，又想偷偷錄下妳看到影片的那個時刻，沒想到妳就推開衣櫃把我預藏的攝影機整個擋住……現在我只能透過小小的手機螢幕播放給妳看了。」

他的一字一句都充滿了失望的語氣，看著眼前手機上一幕又一幕的片段，我的淚水早已不聽話地流下，看到他傻呼呼的樣子，讓我又哭又笑地覺得：眼前的這個男人好真實！接著他掏出早已準備好的婚戒，跪在我眼前說：

「妳可以給我一個機會讓我照顧妳嗎？」

這麼感人的時刻，我卻敷著面膜、穿著睡衣，如同一個大嬸般的模樣，讓我不禁掛著感動的淚水哀號：

「哪有人這樣求婚的啦！！！」

此時此景要真的被他錄影成功，我這輩子絕對不會跟別人分享我的求婚影片！！！

就在我覺得害羞感動時，修先生懊惱地說：「我真的覺得我把這重要時刻搞砸了，如果妳想要拒絕我也沒關係！下次我一定會準備得更完善。」

我常常把「只有懶女人沒有醜女人」掛在嘴上，對於肌膚的保養我選擇「LUDEYA 琥珀霜」，它的質地讓我非常驚艷，因為它吸收的非常快，而且肌膚的緊實狀態可以持續到第二天起床後！琥珀霜的保濕、鎖水＆緊實度，都是我每一天在工作與睡前最需要的一個保養品！

看著這個男人滿臉窘困的模樣，我偷笑反問他：

「如果我真的拒絕，你會失望嗎？」

他說：「當然會……但我尊重妳的決定！可是～妳可不可以不要把戒指還我，先放在妳那裡保管，不用戴上！」

眼前的他緊張到臉紅脖子粗，這好笑又可愛的模樣，讓我立刻拿起戒指戴上！

「我願意成為你的女人～」就在這個呆呆傻傻的情形下，我答應把我的一生託付給這樣一個真實的男人！

我當然可以讓他再來一次求婚戲碼，但我怎麼可能忍心拒絕？！他的「真實」是我在乎的重點，「浪漫」還有長長久久的一輩子可以製造，不是嗎？

戴上戒指、登記上彼此的名字，我們結婚了！

Chapter

3

Chapter3

天使到來

會叫 Angel 這個名字有點好玩，其實
大女兒的英文名字是 Angelina，這源
自我喜歡的好萊塢女星 Angelina Jolie
（安潔莉納裘莉），我喜歡 Angelina
對弱勢的關懷與愛的付出；但小學
一年級時大女兒就跟我抗議要改名叫
Angel，因為她覺得 Angelina 唸起來
太長，很麻煩，所以她自己跟老師說：
「我叫 Angel ！」

她確實也是 Angel，她的誕生是我生
命中出現的第一位天使，我的生命因
她而完整，這份感動從她出生的第一
眼，至今沒有改變過。

我的大天使

對我而言，Angel 確實是上天派來給我的天使無誤！其實婚後我就已經知道進入了一段自己不是太適合的關係當中，從懷孕到生產，因為溝通欠佳、了解不夠，所以在我最需要呵護時，少了這份關懷，Angel 的出生就成了我每天最深的期待，更是我心靈上最大的寄託，還在我肚子裡的她，就是平衡我焦慮愁苦的最佳甜蜜來源。

每當我不開心的時候，看著這張無邪的天使臉龐，總有一種難以言喻的療癒效果。一年一年的，從照顧她、陪伴她，到看見她會自己搖搖擺擺地走路，我彷彿看見年輕時期母親的雙眼，用一樣的愛與依戀投射在孩子身上，Angel 回應給我的溫暖、擁抱及笑容，也讓我深深知道，我們母女成為彼此之間誰都無法取代的依靠。

陪著 Angel 的幼兒成長時期，我們母女最常玩的就是角色扮演遊戲，愛唱唱跳跳也愛模仿的 Angel，也是我們家最好的潤滑劑。

還記得那時候的家是三層樓房，我可能在三樓處理家務，Angel 自己在二樓玩具間玩，一段時間沒聽到 Angel 的聲音，我就不放心地下樓察看，看到 Angel 在二樓的浴室，正拿著我的敷臉霜塗滿全臉，看見我就說：「媽媽我也要跟妳一樣，漂漂的敷臉！」我笑了，她天真無邪的小臉，天使般的一顰一笑，真的可以讓所有的憂煩全部消除。

失去的要多努力才補得回來

經歷分離撕裂後的母女重聚，我們在等待離婚官司的過程中，在美國住了一段時間。

有一天我看到 Angel 在住家一樓騎著腳踏車，跟鄰居的阿姨聊天，我好奇地問她聊些什麼，她告訴我她正在跟這個阿姨自我介紹說：「爸爸和媽媽離婚，今天我來住媽媽家、明天我就要去住爸爸家！」

當時不到三歲的她，或許不那麼清楚她的爸媽到底經歷了什麼，只知道爸爸和媽媽從此不會住在一起，在稀鬆平常地熱情跟鄰居介紹著她自己的童言童語中，我莫名地湧起一股辛酸，怎麼小小年紀的她已經會用 Divorce 的英文單字來形容我們的狀況？

Angel 曾經跟我說，她偷偷許了一個願，長大後想買一棟大房子，爸爸的家庭住一層、媽媽的家庭也住其中一層、爺爺奶奶住在另一層，萬一有一天爸爸媽媽老了走了，她會把我和爸爸的骨灰偷偷倒在一起，

埋在一棵橄欖樹下，讓它生根、纏繞在一起。

這些孩子的話，每每讓我的心揪在一起，我總在內心告訴自己，等她長大一些，我會慢慢讓她理解，我們的分開是為了讓彼此能夠去過更適合自己的生活和追求屬於自己的快樂。

現在我和她爸爸都各自有了新的人生，Angel 也沒再提起過當年的這個願望，雖然她可能會把這個願望藏在心底。因為她總是很大器地分別給我們各自的另一半寫卡片感謝他們的存在，帶給我們豐富的生活與快樂，表示她現在可以理解大人世界的不完美，她這樣的成長讓我覺得欣慰，但有時仍然會心疼這成長所付出的代價。

上天給的悲喜劇本，自己怎麼詮釋

我曾有過一段眾所皆知的跨海離婚官司，那段日子真是我人生最艱難、最混亂的時期，當下徬徨無助，只能用時間和金錢換取空間，現在想想，我彷彿把那段過程凍結如冰的封鎖在記憶的某個角落，可以說是逃避，也可以說是自己不忍面對滿目瘡痍的過去。

因為這個人生劇本不是我想要的，而自己卻走成這種局面，後悔嗎？只能說無奈，只能說這也是對我生命的考驗，這考驗最大的不是失去，而是失而復得的相處之道。

曾經的被迫分離，當 Angel 再次回到我身邊，我卯足了全力去愛她，想要把失去的時光補滿，加速填滿我們的缺口，恨不得鑽進她的心裡，讓她知道我隨時在她身邊，感受我彌補的這些愛有多真實，只要她想、她要、她開口，我幾乎全滿足她，但這樣是對的嗎？很明顯的，分離恐懼及彌補式的愛，的確對她造成了一些影響。

一開始是從 Angel 的畫中看出來的。那段時期她畫裡的人幾乎都是笑著流下大滴的淚水，甚至還有些黑暗拉扯的圖像，一個陽光的孩子塗鴉不應該是這樣！

賈如幸福慢點來

圖像是孩子安全感的反射，看她的畫，當時我的心真的揪成了一團！加上剛回來的那段日子，只要她有不安或生氣的情緒就經常躲在衣櫃裡面，自己跟自己對話，要不就是脫口而出「想出去被車撞！」，當她生氣或憤怒不知道怎麼表達的時候，她就會用這樣極端的話語來傳達。

當時我很無助地找學校老師了解 Angel 的狀況，發現在學校裡的 Angel，表現得很開心、很活潑，完全符合她這年齡的正常孩子表現；尋求過專家的分析後，才發現她可能是想用這種方式來宣洩自己的情緒，因為我給她的安全感，讓她可以在我面前肆無忌憚地宣洩。

我知道得找到方法引導她，讓她安定下來。這段時間，為了 Angel，我推掉絕大多數戲劇工作，讓自己幾乎成為全職媽咪，同時也開始沉澱、思索與學習如何撫平 Angel 曾經受到的心靈創傷，我必須讓自己和她都能面對這個事實。

在這些困境裡面，「學習」是很強大的動力，我甚至去上過父母成長的課，有了這些知識作為基礎後，我決定不逃避、不遮掩，用健康和坦蕩的態度來重新教育女兒「父母離婚」這個事實。

那段時間我最常給 Angel 讀兩種繪本，一是《我有兩個家》，另一套是一些情緒表達的繪本。《我有兩個家》是讓 Angel 知道，爸爸、媽媽雖然個性不合，不能住在一起，但我們不希望這樣的關係讓她覺得失去了什麼，她仍然擁有我們最完整的愛。我雖然心裡清楚，沒有一個孩子不希望自己的爸媽在一起，但即使是孩子，也需要學著面對現實，學著接受並調整自己的心態。透過書中的故事，我和她分析、討論，小小的 Angel 似乎漸漸明白了。

我確定這個方法有用，是透過一次 Angel 去同學家玩，這位同學因為爸媽吵架，以為爸媽要離婚很沮喪，結果同學的爸媽在門口聽到 Angel 用這個繪本的故事安慰同學，她說：「這有什麼，我給你看這個繪本，

我從小就在看，就是我有兩個家，我有爸爸家、還有媽媽家，爸媽都很愛你，你很幸福耶！因為你會有兩個紅包、兩份玩具！」

聽到 Angel 的回應，我又寬慰又好笑，心想：兩個紅包？這孩子好像畫錯重點了吧！殊不知 Angel 是想用幽默的方式來緩和同學悲傷的心情，她接著描述了繪本裡的故事，然後拍拍同學說：「你放心，你會有很多很多愛，大家都愛你！」這一幕讓做母親的我不禁驕傲了，因為 Angel 不但把我平常灌輸的觀念放進心裡，還模仿我說的話去開導同學。

另外一個情緒控制的系列，則是眼見 Angel 表達情緒的方式都很強烈，覺得不是好的現象，所以我花了很多時間去了解、找資料，發現坊間已經有很多書籍可以提供父母當作教育的工具，用故事的包裝來教導如何處理情緒，甚至可以透過書中擬人設定的角色，讓孩子願意分享她現在的情緒。

這些教材給了我很多的幫助，讓當母親後才開始學習怎麼教養孩子的我，得以找到方法與 Angel 一起度過她所經歷家庭變動的情緒起伏，找到安定的力量。

不可否認，父母離婚後，小孩要面對的是兩邊的大人，這是大人造成的結果，所以更有責任照顧好孩子的心靈。Angel 好不容易接受了父母離婚分別兩地，同時也適應了我和修先生的關係，又要面對爸爸再婚，剛開始 Angel 內心是有被影響的，也用了很特別的說法來表達她的不悅，她說：「如果妳和我爸爸再各自結婚，那我們就是外人了。」

剛聽到這句話，我不太能理解她的邏輯，後來仔細想想，應該就是我們三個人拆散不屬於同一個家庭，對她而言，我們就不是「一家人」了。

我理解她的心情，所以更知道在她身上，我需要給她最大的安定，我試圖讓她了解每個人都有權利選擇自己要過的方式，而我與她爸爸都選擇各自展開我們需要的家庭生活。並且告訴她：「我能明白妳的不舒服及失落感，但是寶貝妳不孤單，雖然有裂痕，但我相信用愛就能填補這裂痕的不完美，而我與妳爸爸永遠都是最愛妳也最支持妳的原

生父母，我們的地位無可取代。」

經過七年的時間，我努力做到「陪伴在她身邊」的承諾，而 Angel 也很清楚明白我對她的愛是全然付出，她還用「妳是一百分再 double 的媽咪」來形容她的幸福！

這些年我們最親密的時刻，就是睡前時光，雖然現在的她已步入青春期，但還是會突然抱我一下，偷親我一口，然後小小聲地說：「媽媽我真的很愛妳！」簡簡單單的一句「我愛妳」，再多的付出也都值得了。

轉眼之間天使長大了，也進階成了美少女姐姐，但我心目中天使親手繪製的卡片，仍然是我在特別的日子時最期待的書簡！

最近一次母親節她寫道：「媽咪，謝謝妳那麼辛苦照顧我們三個，我

真的很幸運，因為妳不像其他的媽媽，生到第三個只會照顧小的就不理大的，妳還是全心全意照顧我，我很謝謝妳，I love you ！」

雖然這寫法很單純直接，但卻是寫出了她的真心感受。

媽咪也愛妳，我的 Angel ～ love you, Always ！

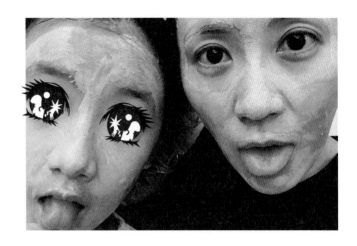

我們永遠的天使。

是我的女兒，更是兩個妹妹的小媽媽

想都沒想過相差 10 年，我還會有一個女兒「咘咘」，更沒想到她如此的備受關注，對於過去 10 年單獨享受著我寵愛的 Angel 來說，她可能會想：「媽媽愛哪個女兒多一點？」、「媽媽是不是偏心？」這是我曾經最擔心的問題！

事實上咘咘的出現，的確曾經讓姐姐有些沒自信，因大眾及媒體的喜愛，讓咘咘成為大家口中的萌娃，她的一雙空靈大眼睛，真的很吸引人，Angel 當時老覺得自己沒有妹妹漂亮，我們時常告訴她每個人都有自己的優缺點，要多看自己身上的特質，我們也常常讚美她的優點：完美的身材比例，一雙迷人長腿，還有一身不需要刻意去做日光浴的小麥色肌膚，都是上天給予她得天獨厚的優點。

我相信每個人都喜歡被讚美，當我們把她最在乎的優點放大，不停鼓勵她，自然而然信心就會重拾她自己的懷抱。

但另一方面，Angel 又覺得自己是咘咘的「姐姐」這件事很興奮、很與有榮焉！還來不及算計這個妹妹是否會來瓜分媽媽和家人的愛，就已經搶著要照顧這個小她 10 歲的娃兒！還一邊計畫著要教妹妹英文、幫她導正發音等等，而咘咘也很崇拜姐姐，每次看著姐姐在面前跳舞就會開心地拍手、大笑，讓 Angel 超有成就感。

有時候我帶著女兒們參加朋友之間的親子聚會，Angel 總是很主動的擔任照顧妹妹的角色，分擔我的工作，而且還陪朋友的小孩玩，我的朋友都對她有「大姐風範」讚譽有加。

其實咘咘跟 Angel 剛出生的時候長得非常像，每次咘咘看到姊姊小時候的照片，都會指著照片喊：「咘咘！」。與其說咘咘是 Angel 的「妹妹」，某些時候 Angel 更像是「小媽媽」的架勢，像是 Angel 每天放學回家第一件事，就是要先逗逗她的「小孩」才心甘情願去做功課，當又一個妹妹 Bo 妞出生，Angel 早上上學前也必定先去巡視一下這個

baby 妹妹，哄哄抱抱一番，在兩個妹妹面前巧妙地扮演「長姐如母」的戲碼！

我記得有一次因為臨時要去買菜，就讓 Angel 幫我照看已經睡著的咘咘，睡到一半咘咘哭了，Angel 發現妹妹是尿濕了需要換尿布，於是七手八腳的幫妹妹換尿布，但畢竟 Angel 也是孩子，在換尿布的過程中，咘咘的衣服也濕了，於是這個小媽媽又幫妹妹換了衣服。我進門的時候看到 Angel 抱著正在哭的咘咘，我以為 Angel 只是在哄妹妹，事後聊起這件事情，才知道 Angel 不僅能幹地換了尿布、還幫妹妹換了整套衣服，果然是小媽媽！架勢十足啊！

對剛出生的最小妹妹 Bo 妞，Angel 則用她最擅長的卡片作為給小妹妹的第一份禮物，卡片內容大致是提醒妹妹怎麼去經營人生，鼓勵妹妹要正面陽光，成為一個開心的人！

那口氣十分大人口吻，每一次讀 Angel 寫給家人的卡片，都令我發現孩子的另一面，感覺到她已經有了超乎我預期的成熟了，只有在最愛她的媽媽面前永遠長不大而已。

隨著 Angel 長大，有時候她連對我都像個小媽媽。Angel 眼中的我很迷糊，手機常常忘了放哪、眼鏡戴在頭上然後四處找眼鏡⋯⋯諸如此類發生在我身上的生活迷糊仗經常上演，所以她常常反過來叮嚀我別忘了這個那個的，照顧著我呢！

當然，Angel 對於捍衛她母親不受批評侵犯，也沒有在馬虎的，即便是像我的經紀人、助理這樣親近的人，有一次經紀人開玩笑說我好胖，不小心被她聽到，她立刻氣到掉眼淚；還有一次 Angel 跟某個親戚聊到我會教導她做英文作業，對方露出質疑的眼神，覺得我的英文有可能好到可以指導英文班的 Angel 嗎？一聽到這樣的懷疑，Angel 立刻反擊，跟對方說：「妳又不是我媽怎麼知道她不會？妳幹嘛這樣講我媽媽！」俠女魂立刻上身。

賈如幸福慢點來

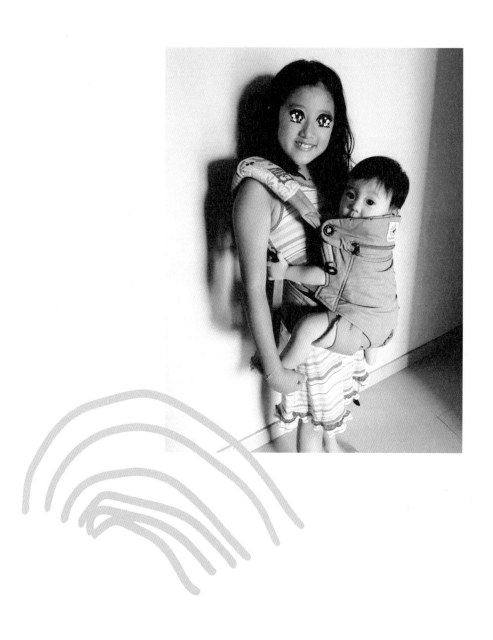

我的三個天使。

賈如幸福慢點來

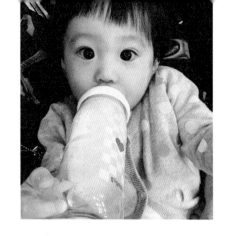

每當我出門工作，Angel 甚至還會提醒我：「媽媽，妳要小心、要保護自己喔！」其實這些千叮萬囑，也是我常常掛在嘴上提醒她的話，每每讓我感到超窩心！

畢竟 Angel 也還是要大不大的雙子座女兒，可以在妹妹面前像個大人，但一回到我身邊又變成愛撒嬌的寶貝女兒，我媽和修都經常跟我告狀，說只要我不在家，孩子一定照表操課，自動自發該幹嘛就幹嘛，但只要我一回家，女兒的發條就自然秀逗，所以我只能再三碎唸，母親嘮叨三寶沒停過，不先洗澡、不吃飯、寫功課拖拖拉拉，竟然是我在家這些寶貝女兒才這麼不受控，所以我也只能自嘲：「原來我才是家裡的亂源！」

關於一開始我對 Angel 可能會不適應有妹妹的擔心，若以我的自身經驗來看，離婚家庭下的孩子難免比較敏感，但我相信只要能多照顧到孩子的情緒，讓孩子感受到父母對她的愛不減反增，我相信孩子不但不會不快樂，反而可以是自己的小幫手呢！

賈如幸福慢點來

與雙子座 AB 型的兩人六角

説句實話，對我這樣大女兒已經 10 歲了、二女兒咘咘才剛出生的媽媽來説，幾乎是隨時處在轉換頻道的狀態，才剛童言童語哄完咘咘，轉身又要頭腦清楚的和青春期的女兒鬥智，有時不免也有些錯亂。

如同我前面所説，對於 Angel 我有著強烈給予的愛，但這種近乎滿溢的愛，碰到青少年期的孩子，卻面臨很大的考驗！前一分鐘我還在為她説的話或舉動氣得七竅生煙，下一分鐘她卻像個沒事人一樣，這就是我的大女兒——雙子座 AB 型的典型行為模式。

有些雙子座 AB 型的朋友都警告我，這樣的星座血型組合必須要嚴格控管，因為他們太愛自由了，如果不樹立一些條例、框架，他們會漫無邊際。

這些叮嚀我當然有放在心裡，但對 Angel 我始終鐵不了心。可能因為「失而復得」，讓我為了彌補失去她的那段時間，而盡可能地滿足她

的需求，無論是物質上、心理上、陪伴上。

但是現在看來，愛的給予如果不能「有所為、有所不為」，其實是會失控的。孩子越大我才開始體會原來愛不是無節制的一直付出，而是需要懂得怎麼給，收與放之間是門高深的學問！

我得先承認我不是虎媽！該怎麼定義我是哪一種媽呢？溫柔似乎說不上，根據家人和自己的歸納分析，似乎我也不得不認同我是一個「沒原則」的天秤座媽媽！

怎麼說呢！最常見的就是，我明明禁止 Angel 邊吃飯邊滑手機，但每每前一句「不要邊吃飯邊看手機」的訓斥才出口，就被女兒接話：「媽，再看五分鐘就好，我今天在學校聽到一首歌好好聽喔！」然後我就像被施了咒語，轉而附和地問：「真的嗎？哪一首？」接著就跟著女兒一起聽起音樂來了，還會忍不住說：「真的滿好聽的耶！」

賈如幸福慢點來

長腿姐姐有許多天生的優點。

修先生有時事後會提醒我：「妳的原則到哪去了？」可我就是會找出「哎呀，孩子剛放學，讓她輕鬆一下沒關係啦！」之類的理由來遮掩關於我妥協的藉口。

說真的，在我心中，「原則」是有等級差別的，孩子很聰明，很清楚媽媽的底線在哪？而哪些又是媽媽可以睜一隻眼閉一隻眼的！吃飯看不看手機，我覺得或許不需要那麼嚴謹的說一不二，但如果孩子碰觸到我的底線，我就不會輕易妥協。

嚴格講起來，「價值觀」是我最重視的教育，所以我不允許我的孩子動不動就跟人「比較」！不論是比較同學之間的物質條件，或是比較爸爸的家庭和媽媽的家庭的管教方式等等，都是我在教育孩子建立價值觀時特別重視的。

我想起一個關於比較的笑話，因為不希望孩子過度使用 3C 產品，所

以給 Angel 手機時，上網我有設定用量，希望她養成在有 wifi 的地方盡量用 wifi 的習慣，但有一次，Angel 超過我給她的設定標準，手機費用暴漲，經過我提醒並再給她一次修正機會後，費用還是偏高，於是我決定取消她的手機上網費用，這決定當然引起孩子的大反彈，跟我爭執一番後，發現無力回天時她丟下一句：「算了，但是我同學都有『司機』！」

聽到這話，我除了生氣還覺得傷心，但我隱忍下來，先回房間跟修先生說這件事。「我明明跟她說『手機』，她卻跟我說她同學有『司機』！這是怎麼回事，我最怕孩子比較了，我已經給她夠多了，比較是比不完的！」滿腔怒氣和失望讓我忍不住噴淚，修先生見狀帶我出門散步，讓我緩和情緒。到了隔天，我覺得還是應該跟孩子講清楚，於是決定主動跟她談談。

我告訴她我很難過，因為她拿自己去跟有「司機」接送的同學比較，

從她上學以來，不是我就是修先生親自接送她，為什麼還要羨慕同學家請「司機」？我們就是她的「司機」呀！沒想到 Angel 一頭霧水反問：「媽，什麼『司機』啊？我是說『4G』啦！我才不會比較那個，我的意思是同學都能上網！」聽到這個我頓時心裡大笑，原來是我自己聽錯！但還是回了一句：「不管，那也是比較！」好啦，我承認有時我真的很天兵。

我和大女兒的相處，不管白天有再多衝撞，晚上睡覺前一定要和解！我喜歡睡前到她床邊抱抱她，跟她說：「我愛妳！」然後和她躺在床上聊聊天，因為只有那個時間沒有手機、沒有音樂、沒有其他的干擾，她也最放鬆，會打開心房跟我聊這一天學校的事情、同學的八卦，我也可以趁著這個時候跟她分享對她未來規劃的想法、希望她調整的行為等等，這時候的她就是在吸收，真正是天使！

當滿滿的愛真的滿到溢出來的時候，就要學習怎麼給愛！速度太快，

沒有拿捏好，對孩子也會是個負擔！對我來說，要收起笑臉開始對 Angel 說這不行、那不行，這樣放與收之間的拿捏，確實不容易！但作為父母，不能怕關係緊張或影響氣氛，就「算了」、「不說了」，所謂「教養」，就是要養也要教，母女之間每一次的爭吵和拉扯之後，第二天其實會回歸平日的互動，適當的時候我會問她：「最近媽媽管妳那麼多，會覺得媽媽失控嗎？」只要 Angel 一句：「我知道妳是為我好，我都知道，不會生妳氣的！」我也就放心釋懷了。

溺愛與寵愛只有一線之隔，過去孩子對我予取予求，可以任性的做自己，但當孩子來到叛逆的青春期，偶爾緊張的母女拉鋸關係，雖然時常令我費盡心思，但我相信 Angel 百分之兩萬了解我對她的疼愛，我在愛與管教之間，仍然繼續努力學習平衡。對於叛逆期的孩子教育，我還在學習的路上。

賈如幸福慢點來

天兵媽媽與雙子女兒，生活中總是很熱鬧。

關於放手的學習

今年 12 歲的 Angel 要升國中了，在決定升學的關鍵期，考量到希望孩子能具有世界觀和眼界，和女兒討論並了解她的心意之後，決定讓她赴上海唸中學，這個決定迫使我不得不再一次面臨和 Angel 的分離。雖然不捨，但因為很清楚知道和 Angel 之間累積了深厚的感情，只要對她的未來是好的，再次離開不但不會忐忑，還充滿了母親的祝福。

「妳覺得媽媽是個什麼樣的媽媽？」我最近問 Angel，她回我：「我媽媽很善良、樂觀、有點呆，喔，最近可能又多一個優點——偉大！」因為 Angel 好不容易回到身邊，我卻可以理智而冷靜的和她就前途來討論放手的課題，這點讓 Angel 不禁佩服！

母親一直對我安排 Angel 遠赴上海升學感到不安，但是經過這些年的相處，我有自信，也信任 Angel 不會因為求學需要的一時分別，讓這些年母女關係的培養前功盡棄！而且和 Angel 討論時，她提到她陪在我身邊七年，但爸爸和爺爺奶奶也是她的家人，是時候該去陪陪他們

了！女兒能夠有如此懂事的想法，做媽的當然應該欣慰啊！

「分離」是人生無法避免的課題。前陣子 Angel 的同班同學因發生意外而過世，這位同學跟 Angel 平時感情不錯，發生這件事，Angel 第一反應是很震驚，雖然當時學校派出輔導老師給予全班心理輔導，我難免還是很擔心，不知道孩子能不能處理這樣的生離死別？

賈如幸福慢點來

當時全班同學要錄一段話在告別式上送這個孩子，Angel 在家錄音時說：「很想念你，還覺得你仍在班上……」但卻邊錄邊笑出來，我很驚訝她的反應，再三提醒她這個影片會在告別式播出，希望她好好想想怎麼表達，於是要求她重錄，來回錄了三次，Angel 才忍住笑好好地講完。

錄完後我問她：「這件事媽媽聽了都難過，為什麼妳會想笑？」她回答我：「媽媽，我也不曉得為什麼，我有時難過的時候反而會想笑。」

天呀！我真的覺得 Angel 是個壓抑的孩子，她有時真的會笑著流淚，這也是她處理悲傷的特殊方式，我能理解這笑容背後是想壓抑難過的心情，我知道這讓她很不好過，無奈的是「離別」這課題是所有人都需要學習的，只是早或晚！Angel 雖然還不懂得如何不隱藏情緒，安靜的讓時間治癒離別的傷痛，但她已經比我想像中要堅強得多。

透過這些與她相處之中的點滴，我對女兒的了解越透徹，越對她有信

心，更加覺得不能夠因為自私地想要佔有，而不學著對她放手，雖然我自身也需要學習如何在分離後自處，但這是一個母親必須放棄的自私佔有吧！

至於要去適應新環境，我則毫不擔心，雙子座 AB 型的 Angel 從小適應力就很強，青少年時期換環境的適應不良問題，從來不需要我擔心，反而是新環境對她來講會有著充滿好奇的雀躍和興奮，從我們討論著赴上海讀中學開始，Angel 表現的都是積極的和我討論新環境如何、該準備什麼？這中間雖然有猶豫該不該去上海的念頭，我只跟她說：「決定好就去做，不要反悔。」其實這個新環境也並不陌生，對於這樣的變化，我一點也不擔心。

離婚家庭下的子女，如果父母是共享監護權的狀態下，孩子勢必會面臨兩種不同管教方式的差異，但另一方面也特別能適應各種生存環境，懂得配合不同環境的要求。Angel 在想要自己作主的意識下，做任何

Chapter3
天使到來

有關她人生未來的決定時都會矛盾掙扎，而我的想法是，父母只能用引導的方式正面的和孩子溝通，並且透過一些生活的規劃具體討論，反覆辯證孩子轉換環境就學的決心，做出決定後，要選擇尊重孩子。

我想我能做的，就是萬一孩子實在不適應新環境時，讓她知道，無論如何，母親安全的港灣，永遠張開雙臂等待擁抱著她。

飛去上海幾次，忽然發現這個在我身邊會肆無忌憚撒嬌的小女孩，長大了好多。我很慶幸自己的放手是對的選擇，雖然思念的苦時常在腦海中出現，流下幾滴相思的淚水，但收起這股思念之情，我相信這樣的安排對孩子是正確的決定。

這樣的分離讓我們彼此思念的心變得更沒有距離，她的貼心與換位思考變得更明顯，甚至少了以前的壓抑，更懂得表達出她每一個情緒。每次的相聚過後，最讓我感動及不捨的是她對我思念的眼神，沒有了在我身邊倔強銳利的態度，而多了溫暖的心疼目光，一句「謝謝妳飛來陪我，我真的很想妳，我知道妳還要照顧咘咘和 Bo 妞，媽媽妳辛苦了！」，不用多說，我的淚水流得很值得。

Chapter

4

Chapter4

我的星星、月亮、太陽

小時候有沒有玩過把手掌打開
用力拍一下，然後立刻握緊，
按壓手掌中間的肉肉，就會看
到凸顯出來的小肉球球，這就
代表你會有幾個小孩？不知哪
來的玩法，但到現在還在流行，
我有三個小孩，手腕間的小肉
球球上也清楚呈現，是巧合也
是緣分。

溫暖熱情與安靜平和

從小就很羨慕有姐妹的家庭，很慶幸現在自己有三個寶貝女兒，尤其是 Angel 與咘咘的互動相處，更讓我覺得上天安排這差了 10 歲的姐妹，又來自不同的父親，怎麼可以有這麼多如此相像的地方？

有時看著咘咘好像時空交錯，彷彿又回到 10 年前的場景，她們姐妹倆如同我生命中的太陽與月亮，互相穿插、相互交替著這兩個角色，她們同時擁有太陽的溫暖熱情，也有月亮安靜平和的特質，她們也在彼此身上看到崇拜羨慕的眼光，很奇妙！

而這對相差 10 歲的姐妹，在一起的互動常常讓我覺得這些畫面好美好溫暖，好想每時每刻都記錄下來。

當我得知生命中有第二個小孩的那一刻開始，我就花了更多的心思與 Angel 溝通準備，深怕一點疏忽不當造成 Angel 的失落，但如同小太陽的她，出乎我意料的喜悅與興奮，對於家庭有新成員即將報到，她天天都充滿好奇地期盼妹妹的降臨。

咘咘的出生其實是有些小小的磨難，我在孕期的最後一個月因為自認體力不差又好客，就獨自採買食材，一人提重物，結果到了晚上就開始宮縮，進醫院檢查有早產跡象，也就這樣被留院觀察，我不得不說有時真的不能太鐵齒，懷孕該有的注意，盡量乖乖遵從吧！

咘咘剛出生的樣子真的有點嚇到我，因為擠壓的關係，她的小臉有些瘀青，而她的氣息又如同生病的小貓微微弱弱的……啊啊，跟生Angel 時的狀況真的差了很多，第一眼看到咘咘，打從心裡覺得她是個不健康的孩子，做媽媽最擔憂的事情就是孩子的健康問題，還好這一切都只是我的多慮，這個小傢伙原來是個不折不扣的健康小皮蛋。

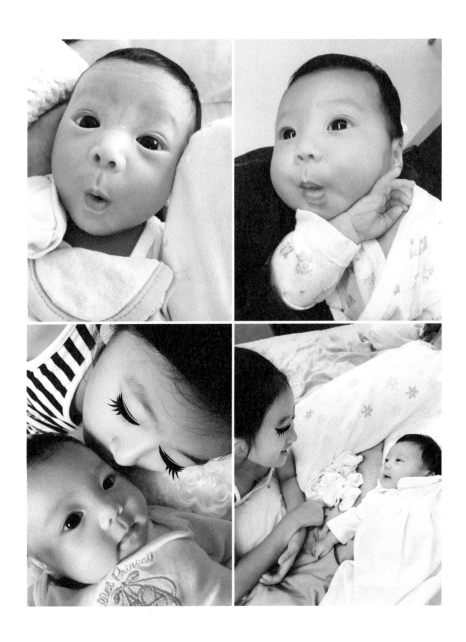

　　　　　　　　　　　　　　　　　　　賈如幸福慢點來

咘咘出生的時候 Angel 正好在美國參加夏令營，所以並不在我身邊，當她第一次看到咘咘，是咘咘已經出生半個多月了，當時我還在月子中心，所以 Angel 只能隔著一層保護罩看著妹妹，即便是這樣的情況，Angel 還是興奮不已、迫不及待的想要抱抱妹妹。

在月子中心的後半個月，老實説我沒有乖乖安分的躺在床上做月子，因為掛心著 Angel 的日常，所以幾乎每天都回家陪伴著她，每天也都被母親趕回去要我安靜的休息，要我不要操煩這麼多……這説得容易，但做起來真的很難啊！相信兩個孩子以上的媽咪，一定懂我對老大放心不下的心情。

在此刻我不得不説，這兩姐妹真的很貼心，咘咘從出生開始就打算當個不吵不鬧的無聲小貓，該吃該睡完全照著規律走，自己的生理時鐘準點到不行，在我這個那個忙碌兩邊跑的時刻，她真的沒讓我多操煩過任何一刻。

Angel 除了像我沒記性忘東忘西以外（哈！），其實她真的算是獨立有想法的孩子，也可以說是天馬行空無厘頭的雙子女孩，自從有了咘咘之後，她就開始跟我討論她將來要生幾個小孩，要自然產還是剖腹產之類的話題，甚至還討論到孩子要我來幫忙帶的想法……我只能說 Angel 的小腦袋裡天南地北想的東西，有時真的讓我哭笑不得。

賈如幸福慢點來

咘咘從一出生就受到大家的關注，所有注目的眼光、讚美及鼓勵，從來沒有停過，還記得錄製大陸節目《媽媽是超人》時，她還不到一歲，但是她的超強適應能力讓我格外訝異，因為錄影需要，好一段時間經常有一大群人在家裡走動，工作人員常常會講話逗著她玩，她一點都不哭鬧及怕生，不知道這種互動是不是也造就了現在的咘咘非常熱情好客，樂於和大家分享她的情緒，甚至現在家裡有客人，咘咘也總是在客人要離開時主動跟客人說：「抱抱……掰掰……」她的不怕生以及鏡頭下的表現，讓我們真心覺得她是個充滿自信的孩子。

獅子座愛面子的她，倒是小小年紀就已經充分展現出來喜歡接受讚美、不想示弱或被人看到自己犯錯，都是咘咘典型的獅子座特質。還記得從小她自己如果不小心打到頭，或是知道自己做了不該做的嘗試，她也不哭不鬧，反而都只會小小聲的「啊～」一聲，然後用她水汪汪的大眼睛環顧四周看看有沒有被發現她的糗態，而我們也刻意裝作不去注意，有時候跌倒或在床上蹦蹦跳跳不小心掉下床，都是常有的事，

賈如幸福慢點來

通常我的處理方式就是稍微瞄一眼看有沒有什麼大礙，然後就裝作沒事，既不會立刻衝上前抱抱、也不會緊張地唉唷大叫，通常她就會覺得跌倒沒什麼大不了，站起來拍拍跌倒的地方就沒事了，這樣一來她的面子也給她顧得好好的。

乖巧的她更是個「指令型」的小孩！對於脫離嬰兒期的孩子來說，探索，是非常重要的開始。咘咘是個很謹慎的孩子，大致上來說她很少暴衝，對於新鮮的事物都採取先觀察再行動的方式來面對她好奇的心，除非真的涉及到生命安全的舉動，一般我們都會讓她自己去摸索，在旁邊淡定陪伴不會加以約束她的行動，但有些行為我們就會用重複不斷的叮嚀來加深她要注意的事項。

比如咘咘在嬰兒安全座椅上吃飯，久坐沒耐性的想下來，現在已讓我們訓練「哭哭沒有」的原則，雖然有時忘記，還是會小小哭鬧兩聲來索取她要的東西，但我跟修先生會謹守原則異口同聲跟她說：「要什

麼～好好說話。」所以養成她會收起假哭的眼淚用甜美的聲音說：「媽媽，我要～下來～好嗎？謝謝。」

通常當她一連串的表達完她要的目的，我與修先生都會忍住發笑的情緒完成她要的結果。

咘咘真的是受教的乖寶貝，我們也很慶幸我們的堅持及原則是對的。孩童時期的安全真的是需要多費心思教導，同時也透過教導讓他們知道如何保護自己。

說到咘咘做錯事罰站這件事，我就不禁要搖搖頭了！她實在太精明也太容易用她的優勢「天然萌大眼」看著你，來讓我們忘記要對她的處罰，當第一次做錯事被我們命令要罰站，她二話不說乖乖站在牆壁前面動也不動，但不到 30 秒她就開始不安分地左看右看，那調皮的大眼彷彿是在期待大家有沒有讚賞著看到她乖巧地站在那裡，一點也不害怕。

我在想咘咘應該是覺得罰站一方面是個好玩的事、一方面又知道是自己某個地方犯了錯！但對她來説好玩的成分大過於一切，你們説她怕嗎？

咘咘的甜點課

咘咘第一次的甜點課，既災難又甜蜜，完全以造型取勝！

賈如幸福慢點來

彼此環繞的姐妹

鬼靈精的咘咘一向崇拜比她還鬼靈精的 Angel 姐姐，喜歡跟前跟後當隻可愛的跟屁蟲已是每時每刻必做之事，但有時候碰上姐姐放學回家忙碌趕作業時，不讓她進房間、不讓她碰東西，咘咘也很懂得在關鍵時刻離開，只會嘴裡唸著：「姐姐會生氣，我怕怕……」然後當個乖寶寶，離開 Angel 的視線範圍，不會耍賴或哭鬧。

有一次咘咘拿了姐姐的蠟筆去玩，Angel 看到，大聲跟我抱怨說這兩支筆是她畫衣服的，是她最喜歡的顏色，怎麼讓妹妹拿去亂塗？但是碎唸完看著咘咘，又嘆口氣說：「算了，看在妳是我妹的份上，送妳啦！」於是咘咘開心地說：「謝謝姐姐！」就歡歡喜喜咚咚咚地跑走了，看到她無辜的臉，全家人似乎都無法對她真正的發脾氣啊！

不過如果就此把咘咘看成是個溫和的小獅子，那就大錯特錯了！我觀察出來咘咘屬於「不動聲色型」，當她覺得有被攻擊或被侵犯的感受時，她不會立刻反擊，而是在對方毫無預警的情況下出擊，毫不吃虧。

還記得有一次和我姪子一起去公園玩，在一個城堡的門前，我姪子只是調皮的推了咘咘一把，我跟他說要小心不要推妹妹會受傷，姪子是個調皮的小男孩，對我調皮地笑了笑就跑去堆石頭，沒多久就見到咘咘默默地靠近他，冷不防地抓他的臉、咬他的手，加倍奉還，那個兇狠的小獅子才真的不好惹。

最近很喜歡帶著咘咘逛傳統市場，我看著修先生一手抱著咘咘、一手拉著菜籃的背影，然後邊跟咘咘說著豬肉攤上一塊塊攤趴著的豬肉部位，或跟咘咘解釋魚貨攤上各種品種的魚，我又好氣又好笑的，「爸爸，你可以不要破壞女兒心目中卡通豬或魚的形象嗎？」倒是修先生覺得，這就是真實人生，隨著成長也要認識生活裡的真實！

I love you
mama
and
...

賈如幸福慢點來

跟隨太陽與月亮的小星星

再說到我們家那顆閃爍耀眼的小星星 Bo 妞，雖然才剛報到不久，但她的出現也讓兩位姐姐有了細微的變化。

Angel 因為離家讀書，跟 Bo 妞相處的時間較少，但對她的感情卻是時常掛念，直說好想她，或許姐妹之緣夠深吧！

也或許 Bo 妞是老三，知道家人不可能把所有焦點都只專注在她一個人身上，所以 Bo 妞有她非常獨特的生存之道。

小小的她，精力旺盛，不愛睡也捨不得睡，因為這個世界這個環境對她來說太新奇，從小陪伴她的除了我跟修先生，當然還有把她當成小寵物對待的姐姐們，也因為我們的忙碌，所以一直安排著老媽、公司同事及好友們，只要有空都會輪流幫我們照顧她、陪她玩，小小年紀的她已經對送往迎來、川流不息的人群不陌生，甚至才六個月，她就已經不安於室，每天睜開雙眼就會用眼神表達她想要出去的慾望。

之所以會把她比喻成那顆閃爍的星星，是因為她如同我們家的亮點，全家人時不時就會被她的光芒吸引，多看她兩眼、不由自主地多親近她，她也在日漸茁壯中，看待這個世界的眼神，似乎每天都在變化，有時都覺得我們的忙碌，好像錯過了她些許的成長。

我在生 Bo 妞的第二天，修先生帶咘咘來醫院看我，醫院的床都很高，她想爬上來讓我抱，但不好爬，我又不能抱他，她倒也不吵鬧的自己在旁邊玩，我要下床時因為傷口疼痛，動作稍微蹣跚了一點，咘咘在一旁看到就用心疼的語調説：「媽媽小心！媽媽慢慢！」那時的咘咘才 1 歲多，讓我和修先生都好驚訝，覺得這孩子沒人教也這麼貼心。

其實咘咘第一眼看到 Bo 妞時，好像沒有太大的感覺，因為嬰兒室裡擠滿一群剛出生的 Baby，大概咘咘會覺得這些都是她的洋娃娃吧！有一回我躺在床上陪她喝奶，一邊陪一邊看著她説：「咘咘最棒棒，媽媽愛妳～」不到 1 歲多的她竟然拿下奶瓶，望著我説：「咘咘愛妳！」

那一刻我的心好暖，嘴角忍不住上揚。

這樣一個和煦如溫暖太陽的孩子，是上天給我最棒的禮物了！我知道咻咻有好人緣，讓她已經有了先天的優勢，但她還非常乖巧、聽話、穩定度高，帶她去幼稚園看看適合的學校，校長說觀察咻咻是個非常有安全感的孩子，到新環境既不會緊張也不會拘謹，很難得，自在的在旁邊玩，看得出爸媽花了很多時間陪伴孩子，才有這樣的穩定性！

這就是我期待孩子能擁有的特質，在愛裡成長的孩子，日後才會擁有更多的正能量來分享給世界上有需要的人！

全家一起期待小 BO 妞的來臨。

賈如幸福慢點來

孩子都是一閃一閃亮晶晶

咘咘的名字是修先生在她還在我肚子裡時就取好的小名,因為靠近聽胎兒會有像是「Boo — Boo —」這樣的聲音,修先生就説那就喊她「咘咘」吧!

而 Bo 妞名字的由來,則是因為她是咘咘的妹妹,咘咘又很喜歡 Bubble,想取一個相近的音,我們就從 Bubble 開始想,就想出了 Bobo,但我們的 Bobo 是個小妞,聯想到我很喜歡的宮崎駿動畫人物「波妞」,就訂下了這個可愛的名字!

咘咘看到妹妹 Bo 妞的第一句話是:「弟弟!」,明明知道她是妹妹,但到現在還是會故意的這麼喊妹妹!每天起床第一件事就是説著:「Bo 妞哭了!Bo 妞哭了!」我們會説「「Bo 妞沒有哭!」但她也不理,跑下床嚷嚷著:「Bo 妞哭了!Bo 妞哭了!」

到了 Bo 妞的床邊沒看到 Bo 妞,她就説:「Bo 妞不見了!」看到 Bo

妞了就愛蹭她，一直看著她，感覺得出來咘咘應該相當期待和妹妹一起玩家家酒、一起讀故事書啊！

很慶幸身為小姐姐的咘咘是個穩定性高的孩子，我相信她的個性很適合帶領妹妹探索世界，也相信她會以身作則當妹妹的好榜樣！年紀相仿的兩個寶貝呀，媽咪希望妳們一直相親相愛，成為彼此成長路上最貼心的姐妹，人生路上也要互相指教喔！

Chapter4
我的星星月亮太陽

賈如幸福慢點來

讓爸媽都投降的模仿功力

這階段的咘咘是最好玩的時候，也是模仿力最強的階段！每天陪著她幸福得都不想出門了。

孩子的天真無邪常常誘發我的童心。我常會教她說一些有趣或搞怪的話語動作，她會給家人取綽號，像是都叫我「呆呆」，叫爸爸「酒鬼」，因為修先生喝一口酒臉就會紅，有一次我開玩笑對咘咘說：「妳看爸爸臉紅紅，爸爸是酒鬼！」

這下完蛋了，從此每天起床咘咘就會嚷著：「爸爸酒鬼！修杰楷酒鬼！」其實她根本不知道酒鬼的意思，就是發現她說酒鬼時，大家的反應很大，覺得好玩！此時的修先生，白眼已經翻到腦後，直說如果在國外他可能已經被抓去關了！

要不然就是學公司同事對我母親的稱呼：「嗨！賈媽！」她也會跟著叫，讓賈媽開心不已，模仿力超強！當然我承認我是幫兇，沒有我這

個媽咪的推波助瀾，咘咘哪裡懂得這些名詞？但看著她的童言童語，全家人都從咘咘身上得到快樂。

父母的言行舉止對小孩的影響真的很大，有時候不經意的舉動，卻不知不覺成為孩子模仿的範本，在 Bo 妞還在喝母奶的時期，每隔幾小時擠奶成了我的例行工作，沒想到咘咘在旁也學會了「擠奶功」，有一次學我擠奶，一邊學著擠奶器的聲音說：「ㄚㄎ～ㄚㄎ～」修先生覺得好笑拿起手機要錄影，但咘咘好像覺得不妙，自己不好意思了，看到爸爸開始拍就把手放下說：「不要、不要！」

孩子的每一個階段都有驚喜，陪伴著孩子成長是多麼幸福的一件事呀！她今天說了什麼話、做了什麼舉動？感覺稀鬆平常的小事，在爸媽眼裡都大得不得了，我喜歡這種簡單卻打從心底的幸福，也希望孩子們可以一直在這樣環境下安心的成長。

賈如幸福慢點來

咘咘的穿搭

開始有主見，像是會自己選鞋子、不喜歡窄管的牛仔褲，可
不知怎麼著每次看到咘咘穿小洋裝就覺得很怪，反而就是覺
得簡單的Ｔ恤短褲這種簡潔的中性打扮比較順眼！

天秤媽媽如何公平的分配愛

年輕時短暫的主持過兒童節目《神仙指頭》，現在回想起來對於駕馭女兒們，可算是一大幫助，懂得用主持的那套誇飾法來吸引孩子的注意力，無論是說故事還是機會教育。

我現在每天的生活是被這三個孩子幸福的包圍著、忙碌著，朋友問我到底在忙什麼？具體我也說不上，但總括來說就是很忙，招呼三個孩子還真的是分身乏術呢！我還滿享受這種當媽媽的家庭生活，對我來講跟以前很不一樣，也很滿足於享受當媽媽的快樂。

但對我來說，每個人的特質都不同，三個都是我的孩子，我在意的是要如何就三人的長處去鼓勵和培養？每個小孩都有自己的路和自己的特色，有些人問我，在受到那麼多人關注疼愛的咘咘之後出生的 Bo 妞，會不會有壓力？但三個都是我的小孩，對我來說沒有必要比較，公眾人物的家庭和子女，既然都會被關注，也要承受外人給予較多的比較眼光，我不能控制別人的眼光和想法，但只能把自己的孩子教育

成充滿正面能量的寶貝們！

大女兒 Angel 個性最像我，敢於冒險敢衝，十足是個小賈靜雯野丫頭！咘咘是膽子小、碰到覺得危險的事就裹足不前的小孩，但 Angel 從小就很有膽量，帶她去海邊看到海浪，她是不畏懼的朝海浪直衝而去的那種，我只有怕她危險，得小心翼翼別讓她衝過頭，完全不用怕她會裹足不前，這種很男子漢的性格一直到現在，連去上攀岩課都看到這位大小姐一馬當先，把其他男孩狠狠的甩在後面。就因為 Angel 的膽子大也勇於嘗試，所以我更放手讓她去不同的環境，吸收學習不同的文化及挑戰，她也樂在其中。

Bo 妞才剛出生沒多久，外型超像修先生的她，卻有著跟老爸不同的性格，修先生常說，咘咘的外表像我，但個性像他，但 Bo 妞則相反，而且 Bo 妞還被 Angel 斷定將來一定是三姐妹裡面功課最好的！雖然不知道這位大姐從哪裡看出來這特質，不過我想說的是，三個孩子有三種

不同的個性與特質，對於一名母親來說，最希望的是，除了讓她們健康快樂的長大，同時也期許能隨著她們的特質去教育培養，很謝謝上天讓我擁有她們！讓我在人生的道路上多了一個「三個孩子的母親」的角色，這是幸福也是挑戰，加油吧！媽咪！

賈如幸福慢點來

Chapter4
我的星星月亮太陽

天秤媽媽公平分配愛，也被幸福包圍。

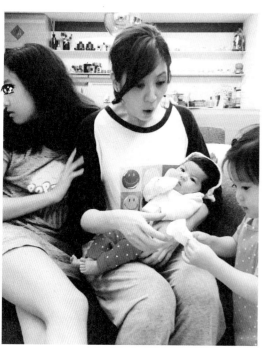

當你把自己困在一個黑框裡，請記得，一定要看到那細縫透出的微光，因為那就是希望。

我承認，美好的生活其實一定會有許多爭辯與矛盾的時刻，而我，都選擇記憶這爭辯矛盾後的甜美，因為生活是需要靠自己去找尋到一種舒服的狀態，當日子苦、壓力大，我們就在這苦日子當中找到會讓嘴角上揚的時刻，即使只有一秒，也該緊緊捉住，不容流逝。

我就是靠著這種信念，找到了陽光充足的土地，讓我在這土地上認真經營與生活，時時給予養分，才能讓土地堅固的給予我需要的果實。

當你（妳）看完這本關於我的書，我並沒有什麼特效藥能解決生命帶來的痛苦，但我能給予的或許就是那愛的微光，還有包容與接受的重要生命課題，當你（妳）懂得轉身、抬頭、換個眼光、調整腳步，你（妳）真的會發現，「愛」其實就在你（妳）身邊，從未離開……

OKLAO
SPECIALTY COFFEE
歐客佬精品咖啡

歐客佬咖啡 ──台灣唯一
【產銷合一；垂直整合】咖啡連鎖品牌

從產地種植到產品銷售，垂直整合每一個環節與流程，每一個細節都有歐客佬以最專業的標準為您層層把關，只為了提供業界的最高品質給您！

COFFEE SEEDLING
咖啡苗

COFFEE PLANT CARING
咖啡樹

HARVESTING
採收

COFFEE BEAN PROCESSING
生豆處理

MILLING
精緻處理

SHIPPING
運送

ROASTING
烘焙

CUPPING
杯測

GRINDING
研磨

全台灣唯一咖啡農場直營
（寮國、哥斯大黎加附設乾溼處理廠）

世界各國精品咖啡
數十個國家與上百種的咖啡種類
各國競標豆、世界各產區微批次

完整的SCAE國際教室規格
SCAE國際專業咖啡認證直接發照

咖啡器具設備批發

咖啡原物料批發

咖啡領域完整Know-How專業諮詢顧問

OEM
咖啡相關代工專家（濾泡式掛耳、即溶）
咖啡豆的調配、調製

歐客佬歡迎您訂製，專屬於您自己的香醇掛耳式咖啡，無論生日祝福、婚禮贈品、企業形象推廣等用途，都能獲得最好的效果。
請電洽：0800-355-988

歐客佬國際有限公司
台中市北區太原路二段306-1號
客服專線 0800-355-988
oklaocoffee@yahoo.com.tw
www.oklaocoffee.com

客製化線上型錄
ONLINE CATALOG

歐客佬精品咖啡
正式臉書專頁

官方網站
OFFICIAL WEBSITE

舒摩兒®

私密青春
緊潤豐盈

summer's eve™
Feminine
Hydrating Jelly
SENSITIVE SKIN

Naturally pH Balanced
Gynecologist Developed
& Tested

私密緊實青春露代言人 賈靜雯

女神級豐嫩
私密緊實青春露57g

終結乾荒老化　重返年輕緊實

婦女專科權威針對亞洲女性膚質設計，以氫化水合創新技術與模擬天然劑型專業配方，給予私密肌源源不斷的潤澤效果與前所未有的柔嫩舒適。

保濕潤澤

回復緊實

豐盈飽滿

- 氫化水合技術
- 模擬天然劑型
- 高效乳酸配方

| 溫和舒適 | 抗老修復 | 年輕彈嫩 |
| 自然潤澤 | 緊緻活力 | 幸福加倍 |

改善私密問題 90%女性都滿意

嘉南藥理大學化妝品應用管理系，針對私密困擾、更年期、孕產期三大族群共40位女性，連續使用私密緊實青春露四週後滿意度問卷調查。

90% 試用者感受
私密問題獲得改善

73% 試用者感受
提升防護力

88% 試用者感受
舒緩不適

83% 試用者感受
降低乾燥

90% 試用者感受
舒適自在

更多青春露資訊

Polaroid SNAP™ TOUCH 觸控拍立得

拍立得 + 相印機 =

數位相機

建議售價 $6,390

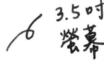
3.5吋 螢幕

是拍立得，是相印機
也是數位相機

結合手機　雙向傳輸
數位拍立得　大升級！

相關規格請掃描

代理：國祥貿易股份有限公司　　客戶服務專線：(02)2778-9966　　f Polaroid Taiwan　　官網 www.polaroid.com.tw

玩藝 0057

賈如幸福慢點來

只要懂得轉身，傷與愛都是遇見美好的道路

作　　　　者	賈靜雯	
經　紀　人	王侑萱	
攝　　　　影	江民仕	
化　　　　妝	陳聆薇（DivaBeauty聆薇妝苑）	
髮　　　　型	Betty Yeh@Flux	
服 裝 造 型	Paul曹偉康	
設 計 統 籌	犬良設計	
責 任 編 輯	周湘琦	
協 力 編 輯	施穎芳、施怡年	
責 任 企 劃	汪婷婷	
總　編　輯	周湘琦	
董　事　長	趙政岷	
出　版　者	時報文化出版企業股份有限公司	

10803台北市和平西路三段二四〇號二樓

發行專線 （02）2306-6842

讀者服務專線 0800-231-705、（02）2304-7103

讀者服務傳真 （02）2304-6858

郵撥 1934-4724時報文化出版公司

信箱 台北郵政79～99信箱

時 報 悅 讀 網　http://www.readingtimes.com.tw

電 子 郵 件 信 箱　books@readingtimes.com.tw

時報出版風格臉書　https://www.facebook.com/bookstyle2014

法 律 顧 問　理律法律事務所 陳長文律師、李念祖律師

印　　　刷　詠豐印刷股份有限公司

初 版 一 刷　2017年11月17日

初 版 十 五 刷　2019年9月2日

定　　　價　新台幣480元

賈如幸福慢點來：只要懂得轉身，傷與愛都是遇見美好
的道路/賈靜雯著. -- 初版. -- 臺北市：時報文化, 2017.11
　面；　公分. -- (玩藝；57)
ISBN 978-957-13-7177-1 (平裝)

1.婚姻 2.戀愛 3.兩性關係

544.3　　　　106017903

時報文化出版公司成立於一九七五年，
並於一九九九年股票上櫃公開發行，
於二〇〇八年脫離中時集團非屬旺中，
以「尊重智慧與創意的文化事業」為信念。

缺 頁 或 破 損 的 書 請 寄 回 更 換。

服 裝 贊 助

 maje PARIS　vanessabruno

特 別 感 謝

LUDEYA　舒摩兒®　OKLAO SPECIALTY COFFEE 歐客佬精品咖啡　Polaroid SNAP TOUCH